Abitudini da milionario

Come ogni persona può diventare milionaria attraverso le abitudini di successo

Simone Ercolani

Tabella dei contenuti

Capitolo 6: Scoprire il tuo Perché emotivo

Capitolo 7: Crea le tue abitudini e convinzioni da milionario

La riproduzione, la trasmissione e la duplicazione di qualsiasi contenuto trovato qui, compresa qualsiasi informazione specifica o estesa, sarà fatta come un atto illegale indipendentemente dalla forma finale che l'informazione prende. Questo include le versioni copiate dell'opera, sia fisiche che digitali e audio, a meno che il consenso esplicito dell'Editore sia fornito in anticipo. Ogni altro diritto è riservato.

Inoltre, le informazioni che si possono trovare all'interno delle pagine descritte qui di seguito devono essere considerate sia accurate che veritiere quando si tratta di raccontare i fatti. Come tale, qualsiasi uso, corretto o scorretto, delle informazioni fornite renderà l'editore libero da responsabilità per quanto riguarda le azioni intraprese al di fuori della sua diretta competenza. Indipendentemente da ciò, non ci sono scenari in cui l'autore originale o l'editore possono essere ritenuti responsabili in qualsiasi modo per eventuali danni o difficoltà che possono derivare da una qualsiasi delle informazioni discusse nel presente documento.

Inoltre, le informazioni contenute nelle pagine seguenti sono intese solo a scopo informativo e devono quindi essere considerate come universali. Come si addice alla sua natura, sono presentate senza garanzia della loro validità prolungata o della loro qualità provvisoria. I marchi di fabbrica che sono menzionati sono fatti senza consenso scritto e non possono in alcun modo essere considerati un'approvazione da parte del titolare del marchio.

Introduzione

Non c'è niente di sbagliato nel desiderare di essere ricchi. Il motivo della ricchezza è il desiderio di una vita più ricca e abbondante. E questo desiderio è degno di lode. Una persona che non desidera vivere più abbondantemente è anormale, e così è anormale l'uomo che non sogna di avere più denaro sufficiente per acquistare tutto ciò che vuole.

Ci sono tre ragioni per cui viviamo: viviamo per la mente, viviamo per il corpo e per l'anima. Nessuna di queste è più santa dell'altra. Non è giusto vivere solo per l'anima e negare il corpo o la mente. Ed è sbagliato vivere per l'intelletto e negare l'anima o il corpo.

È perfettamente giusto che tu sogni di essere ricco. Se sei un uomo o una donna normale, non puoi permetterti di farlo. È perfettamente giusto che tu offra la tua migliore concentrazione alla scienza di diventare milionario. Questo libro rivelerà le abitudini di successo dei milionari che puoi adattare e avere successo come gli altri milionari. Continua a leggere se vuoi diventare ricco.

Capitolo 1: Cambia le tue abitudini, nessuna procrastinazione

Ti sei mai chiesto perché alcune persone hanno più successo di altre? O perché non si fanno molti soldi pur avendo ottenuto buoni risultati a scuola? Per alcuni, questa domanda può essere il punto focale di una ricerca che dura tutta la vita. Tuttavia, la risposta è breve. Tu sei quello che sei grazie a te stesso. Hai il controllo di chi vuoi essere. La tua vita attuale è il totale delle scelte che fai nella vita, delle decisioni e delle azioni che fai nella vita. In altre parole, puoi costruire il tuo futuro modificando i tuoi comportamenti. Puoi fare nuove decisioni e scelte che siano più in linea con la persona che vuoi essere e con le cose che vuoi realizzare nella tua vita.

Riflettete su questo: tutto ciò che siete o che avete sempre voluto essere dipende da voi. E l'unico vero ostacolo su ciò che potete essere, fare e possedere è il limite che ponete alla vostra immaginazione. Puoi avere il controllo completo del tuo destino

prendendo in mano i tuoi pensieri, le tue azioni e le tue parole
da oggi in poi.

Il potere dell'abitudine

Quasi il 95% di ciò che fai e realizzi è il risultato dell'abitudine.
Fin dall'infanzia, hai una serie di risposte condizionate che ti
portano a reagire automaticamente e senza pensare in quasi
tutte le situazioni. Questo significa che le persone che hanno
successo hanno imparato abitudini di successo e quelle che non
hanno successo no.

Le persone di successo fanno automaticamente le cose giuste al
momento giusto. Pertanto, ottengono dieci e venti volte di più
della media delle persone che non hanno padroneggiato questi
tratti e praticato queste abitudini.

Definizione di successo

Possiamo definire il successo come la capacità di vivere la
propria vita come si vuole. Questo implica ciò che ti piace di più
e interagire con persone che ti piacciono e che rispetti.

In una percentuale maggiore, possiamo definire il successo come la capacità di realizzare i tuoi sogni, obiettivi e desideri in ciascuna delle parti critiche della tua vita.

Anche se ognuno di noi è unico e diverso da tutti gli altri esseri umani che hanno vissuto, abbiamo tutti quattro desideri in comune. A questo proposito, potete fare una rapida valutazione della vostra vita classificando ciascuna di queste quattro categorie su una scala da uno a quattro.

- **Sano e in forma**

- **Relazioni eccellenti**

- **Fai ciò che ami**

- **Raggiungere l'indipendenza finanziaria**

Stabilire "Abitudini da un milione di dollari"

È importante imparare a pensare in modo più efficace e a prendere le decisioni giuste. Inoltre, dovete imparare ad agire correttamente. Questo libro vi insegnerà come pianificare la vostra vita finanziaria in modo tale da realizzare tutti i vostri obiettivi finanziari più velocemente di quanto immaginiate.

Uno degli obiettivi più vitali da raggiungere per avere successo nella vita è lo sviluppo del proprio carattere. Si vuole diventare una grande persona in ogni settore. Vuoi essere quella persona che tutti ammirano. Vuoi diventare un grande leader nella tua comunità e un modello di successo personale per tutti gli individui intorno a te.

In ogni situazione, gli elementi decisivi per il raggiungimento di ognuno di questi obiettivi che tutti abbiamo in comune è la creazione delle abitudini specifiche che innescano automaticamente i risultati che si vogliono raggiungere.

Le abitudini si imparano

La cosa migliore delle abitudini è che tutte vengono apprese attraverso la pratica e la ripetizione. Potete imparare qualsiasi abitudine che considerate desiderabile o necessaria. Seguendo la vostra forza di volontà e la disciplina, potete lucidare la vostra personalità e il vostro carattere in quasi tutti i modi che desiderate. Potete scrivere il copione della vostra vita, e se non vi piace quello attuale, potete rimuoverlo e scriverne uno nuovo.

Allo stesso modo in cui le vostre buone abitudini sono la ragione della maggior parte del vostro successo e della vostra felicità, le vostre cattive abitudini sono la causa della maggior parte dei vostri problemi e frustrazioni. Tuttavia, poiché anche le cattive abitudini sono apprese, possono essere eliminate e sostituite con buone abitudini usando lo stesso processo di pratica e ripetizione.

Hai il controllo totale

Il fatto è che non è facile formare buone abitudini, ma è facile conviverci. D'altra parte, le cattive abitudini sono facili da formare ma difficili da vivere. In entrambi i casi, si formano buone o cattive abitudini a causa delle scelte che si fanno e del comportamento che si assume.

Uno dei vostri più grandi obiettivi nella vita dovrebbe essere quello di formare l'abitudine che si traduce in salute, vera prosperità e felicità. Il vostro obiettivo dovrebbe essere quello di sviluppare le abitudini di carattere che vi permettono di diventare la persona migliore che potete immaginare di diventare. Lo scopo principale della vostra vita dovrebbe essere quello di incorporare in voi stessi le abitudini che vi permettono di raggiungere il vostro pieno potenziale.

Nelle prossime sezioni, scoprirete come vengono creati i vostri modelli di abitudini e come potete cambiarli positivamente. Scoprirete come diventare il tipo di persona che senza sosta, come le onde dell'oceano, mira a raggiungere ogni obiettivo che vi siete prefissati.

L'origine delle tue abitudini

Tryon Edwards disse una volta che ogni atto che viene ripetuto costantemente alla fine diventa un'abitudine e questa abitudine sviluppa lentamente la forza.

Ricordate che siete unici. Quando siete venuti in questo mondo, avevate già grandi capacità e talenti da utilizzare.

Il tuo cervello intelligente ha più di 20 miliardi di cellule, ognuna delle quali è interconnessa con più di 20 mila altre cellule. Le potenziali combinazioni e permutazioni di idee, intuizioni e pensieri che puoi creare sono pari al numero uno, seguito da otto pagine di zeri. Pertanto, qualsiasi cosa abbiate raggiunto nella vita fino ad oggi è solo una piccola percentuale di ciò che siete veramente in grado di realizzare.

L'individuo medio si accontenta di molto meno di quello che può ottenere. Rispetto a ciò che potete essere, tutto ciò che avete fatto finora è solo una piccola frazione di ciò che è veramente possibile per voi.

Il problema è che entri in questo mondo con il cervello più potente, circondato da possibilità illimitate di successo, realizzazione e felicità, ma inizi senza un manuale di istruzioni. Per questo motivo, devi determinare tutto da solo. E la maggior parte delle persone non lo fa. Sperimentano la vita facendo il meglio che possono, ma non si avvicinano mai a fare ed essere tutto ciò che è possibile per loro.

Abitudini dei milionari self-made

La maggior parte dei milionari si è spinta fino a quei livelli. Hanno sacrificato molto e persistito nel loro lavoro prima di accumulare ricchezza. Hanno anche formato delle abitudini che hanno permesso loro di accumulare ricchezza. Non dimenticate che le vostre abitudini sono la ragione per cui siete ricchi o poveri. Secondo l'autore di Rich Habits, sono sempre due o tre abitudini che distinguono i ricchi da quelli che hanno difficoltà finanziarie.

Ecco alcune abitudini scoperte dai milionari che si sono fatti da soli.

1. Amano leggere

Quanto spesso passi del tempo a leggere un libro, una rivista o anche un articolo online? Se non hai passato del tempo a leggere, allora sei lontano da quello che fanno i milionari che si sono fatti da soli. Se vuoi diventare ricco, allora devi prendere l'abitudine di leggere.

La chiave per il successo nella vita è espandere la tua base di conoscenze e abilità. Metti da parte 30 minuti o più ogni giorno per imparare leggendo libri. Se lo fai, ti dà un vantaggio nella competizione, dato che la maggior parte delle persone non legge.

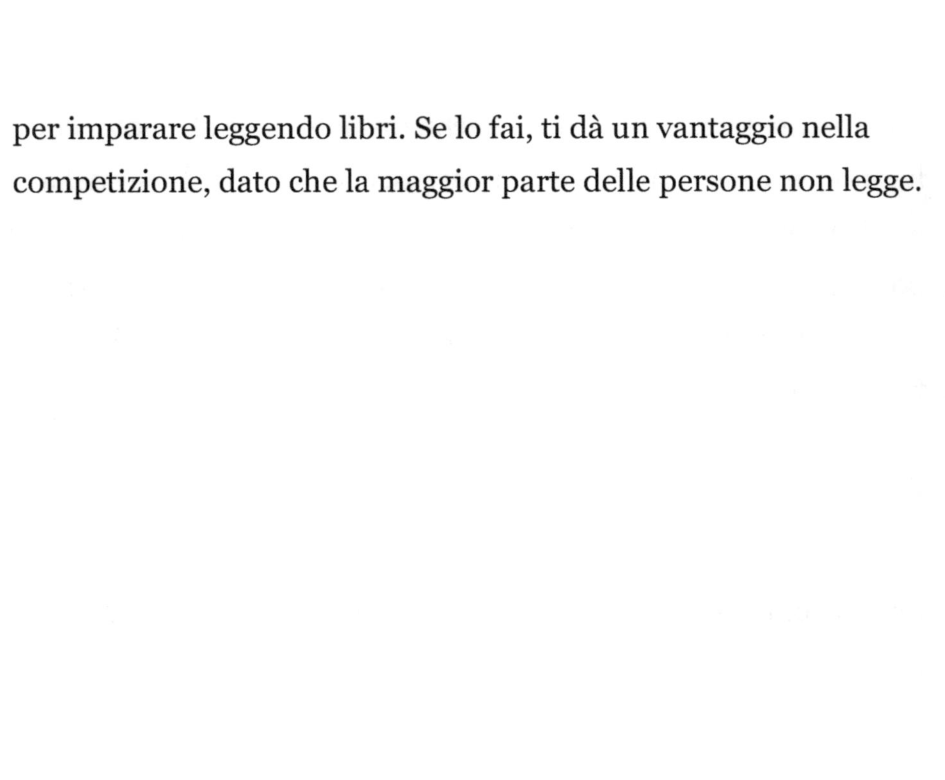

2. Hanno un mentore

Hai un mentore? Circa il 93% dei milionari che si sono fatti da soli attribuiscono la loro ricchezza all'avere dei mentori.

Avere un mentore di successo nella vita è uno dei passi per diventare ricchi. Un mentore può aiutare a spingerti al successo velocemente.

Ci sono cinque tipi di mentori di successo:

- Genitori. I genitori sono fondamentali quando si tratta di diventare milionari. I tuoi primi mentori saranno i tuoi genitori. Se i vostri genitori vi insegnano buone abitudini quotidiane di successo, farete meno fatica nella vita.

- Mentori per la carriera. Avere un mentore al lavoro che ti piace, di cui ti fidi e che rispetti può portare al successo nella vita. Trova qualcuno che sia almeno due livelli sopra il tuo grado.

- Prenota i mentori. Non è obbligatorio avere una vera relazione con un mentore. In certi casi, la migliore fonte di mentori sono i libri, specialmente quelli che parlano di grandi persone.

- Te stesso. Sapevi che puoi fare da mentore a te stesso imparando dai tuoi errori? Questa è la parte più difficile del successo, perché gli errori e i fallimenti hanno un certo costo in tempo e denaro. Ma questo è un altro potente tipo di mentoring che puoi ottenere perché le lezioni che impari sono radicate in un'emozione profonda e non si dimenticano mai.

3. Hanno una lista di cose da fare

Gli obiettivi diventano tali solo quando c'è il 100% di raggiungibilità e di attività fisica. I milionari suddividono gli obiettivi in passi di azione fisica che formano una to-do-list, e molti hanno liste che seguono una determinata abitudine.

I milionari creano il successo. Quando si sviluppano processi, non c'è bisogno di pensare, il che richiede energia e contribuisce all'affaticamento decisionale. Le abitudini sono importanti perché generano un carburante che può essere utilizzato per raggiungere qualcos'altro.

4. Sviluppano numerosi flussi di reddito

I milionari che si sono fatti da soli non hanno una sola fonte di reddito. Invece, creano più flussi, e la maggior parte ne ha almeno tre.

Avere più fonti di reddito ti permette di vincere le flessioni economiche che capitano sempre nella vita.

I flussi di reddito comprendono affitti immobiliari, investimenti in private equity, investimenti nel mercato azionario e royalties.

5. Usano i sogni per fissare degli obiettivi

Prima che i milionari definiscano gli obiettivi, prima sognano. Scrivono come apparirà la loro vita ideale e poi usano questo copione per sviluppare un elenco puntato di sogni. Alla fine, gli obiettivi sono costruiti intorno ad ogni sogno.

Lascia che i sogni siano una scala, e che i pioli rappresentino i tuoi obiettivi. Ora, chiediti: "Cosa dovrei fare perché ogni desiderio o sogno diventi realtà? Sei pronto a svolgere quelle attività? E hai le capacità e le conoscenze giuste? Allora agisci?

6. Perseguire le cose che ti interessano

La gente si unisce sempre alle carriere per l'aspetto della stabilità, ma le persone ricche cercano i loro interessi. Essi erigono la loro scala sul loro muro. Quando ti piace quello che fai, lavori di più.

Tecniche per eliminare l'abitudine di procrastinare

Se sapete di essere sopraffatti dall'abitudine di procrastinare, allora dovete eliminare questa abitudine. Come abitudine, la procrastinazione vi sta costando un sacco di tempo. Probabilmente state facendo meno cose, e meno cose importanti vengono portate a termine. Inoltre, potrebbe causarvi stress, che ha una vasta gamma di effetti sulla vostra salute ed è probabile che danneggi le vostre relazioni. La procrastinazione è un'abitudine pericolosa.

La cosa buona è che la procrastinazione non è permanente; potete eliminare l'abitudine dalla vostra vita. Se procrastinate sempre, per prima cosa, dovete determinare la fonte di questa procrastinazione e attuare una delle seguenti strategie.

1. Quando le cose si fanno difficili, non fermatevi

Uno dei motivi principali per cui le persone decidono di procrastinare è l'incapacità di gestire il disagio. Quando le cose si fanno difficili, è possibile che non vogliate ricordarvelo. Tuttavia, se vuoi cambiare la tua vita, devi essere pronto a fare cose che non hai mai fatto prima e che ti richiedono di esplorare un nuovo mondo.

Allo stesso modo in cui la procrastinazione è un'abitudine, anche imparare a superare il disagio è un'abitudine. Quando le cose si fanno difficili, continuate a spingere. Questo vi permetterà di costruire i muscoli mentali della perseveranza.

Infine, rifiuterai l'idea di arrenderti quando le cose si fanno difficili. Pensate a ciò che riuscirete a raggiungere.

Ogni aspetto della nostra vita è stato influenzato da invenzioni destinate a rendere la nostra vita più confortevole. Molte cose sono a nostra disposizione con un semplice clic che non sappiamo cosa sia il disagio.

Se volete raggiungere il vostro massimo potenziale e crescere, dovete imparare ad affrontare il disagio. Quando si impara a farlo, l'abitudine di procrastinare diventa molto difficile da gestire.

2. Pensa al tuo stile di vita

Il tuo stile di vita deve stimolare il tuo lavoro. Se siete sempre stanchi e consumati, è più probabile che procrastiniate. Controlla le tue abitudini di sonno, quello che mangi e l'esercizio fisico. Se ti prendi cura della tua mente e del tuo corpo, ti aiuteranno a fare di più.

Inoltre, ricordatevi di controllare i vostri livelli di energia durante la vostra giornata lavorativa, perché l'energia è importante per la produttività e per rompere l'abitudine di procrastinare. Se non avete energia, è probabile che procrastiniate.

È altrettanto fondamentale controllare i propri livelli di energia prendendosi cura del proprio stile di vita. Quando lo si fa, ci si assicura di avere sufficiente energia da portare al lavoro, in primo luogo. Controllando il tuo stile di vita al di là del lavoro, puoi davvero aumentare le tue prestazioni lavorative.

3. Essere realistici

Se vai sempre in palestra, dovresti aver notato un gran numero di persone che vengono a gennaio. Queste persone hanno fatto le risoluzioni del nuovo anno per mettersi in forma, e sono pronti a farlo. Ma nonostante i migliori consigli del trainer, credono che 3 giorni a settimana non siano sufficienti per loro. Segnalano 5 o più giorni e vanno a tavoletta ogni giorno.

La cosa successiva che accade è che il loro corpo non riesce a far fronte a questo nuovo livello di pressione e intensità. Si bruciano nel giro di poche settimane, e quella è l'ultima volta che li vedi.

Non essere come queste persone. Diventa realistico su quanto lavoro puoi completare in un giorno e concentra i tuoi piani su quello. Completare quel lavoro ogni giorno migliorerà la vostra fiducia e motivazione, prevenendo lo stress e il burnout. E più vi sentite sicuri, meno è probabile che procrastiniate.

4. Prova a fare qualcosa, indipendentemente da quanto piccolo possa essere

Arriva un momento in cui non è importante quello che fai, basta che fai qualche azione e vai avanti. Se avete procrastinato un compito, scegliete un compito di quel lavoro e portatelo a termine. Non importa quale sia il lavoro o quanto sia piccolo, basta che tu vada avanti.

Se ripetete questo passo diverse volte, comincerete a rompere la vostra resistenza e a stabilire un certo slancio.

Lo slancio è un modo potente per superare la barriera della procrastinazione, soprattutto quando la procrastinazione è diventata un'abitudine. In queste situazioni, può essere utile prima rompere l'abitudine di procrastinare e abituarsi a portare a termine il lavoro.

Una volta che vi siete abituati all'abitudine di lavorare di nuovo, potete concentrarvi per assicurarvi che il lavoro che state facendo sia il più critico che possiate fare.

5. Diventare organizzati

Si è organizzati quando si sa cosa deve essere fatto, quando deve essere fatto e come lo si farà. Inoltre, la vostra vita e l'ambiente di lavoro sono organizzati in modo da aumentare la vostra produttività. Questo vi permetterà di evitare di pensare troppo ad ogni lavoro e di passare subito all'azione.

Altrettanto importante è che quando sei organizzato, identifichi facilmente tutti i progetti che non aggiungono valore al tuo lavoro. Puoi quindi rimuovere questi progetti, riducendo così la sopraffazione e la pressione che provi. Questo limita la probabilità di procrastinare.

C'è anche una via di mezzo tra i compiti che aggiungono valore e quelli che non lo fanno. Alcuni progetti aggiungono valore, ma non siete voi a doverli finire. Puoi esternalizzare questo lavoro e creare più tempo e attenzione nel tuo programma.

La tendenza ad essere organizzati è uno dei migliori strumenti per fissare l'abitudine di procrastinare.

6. Rimuovere ciò che si può

Se ci sono cose nella vostra vita che non volete fare, allora perché sono nella vostra vita? A volte, la cosa migliore da fare è eliminare completamente qualcosa dalla vostra vita.

Sì, ci sono occasioni nella vostra vita in cui avete stabilito l'abitudine di procrastinare perché non volete essere nella posizione in cui vi trovate. Potresti dover fare alcuni cambiamenti nella tua vita per tornare in pista.

Se siete sinceramente insoddisfatti di come vanno le cose nella vostra vita, dovrete fare dei cambiamenti perché non va bene essere infelici. Quando si fanno cambiamenti drastici, si può scoprire che non si ha più alcun desiderio di procrastinare.

Inoltre, quando si elimina ciò che non si vuole dalla propria vita, si crea abbastanza spazio per le cose che si vogliono.

7. Cercare aiuto

C'è abbastanza aiuto disponibile per coloro che soffrono di procrastinazione cronica. Non soffrite in silenzio, cercate un sostegno. Con un po' di aiuto e alcune tecniche intelligenti, è possibile dare una svolta alla vostra vita.

Come molti problemi, a volte potete non riuscire a creare
abbastanza spazio tra voi e la vostra abitudine di procrastinare
per esaminarla obiettivamente. Se non riuscite ad essere
obiettivi, avrete difficoltà ad affrontare la vera causa perché è
improbabile che possiate analizzare correttamente tutte le
possibili ragioni.

Ottenendo l'aiuto di un professionista esperto o di un collega
fidato, riuscirete a guardare con obiettività. Inoltre, è probabile
che abbiano alcune osservazioni importanti. In generale, più
capite il vostro problema, più facile sarà per voi identificare una
soluzione praticabile.

8. Creare un piano

Un modo per superare la sopraffazione è quello di creare una
lista di tutto ciò che si vuole finire per completare il lavoro con
successo. Stabilite delle approssimazioni su quanto tempo ci
vorrà per ogni compito e organizzate i compiti in base a come
devono essere svolti.

Una volta che è completo, non c'è bisogno di sperimentare la sopraffazione. Potete concentrarvi su ciò che deve essere fatto ogni giorno e farlo. Se continuate a farlo, alla fine finirete il lavoro.

Una parola di cautela: non usare la pianificazione come un modo per procrastinare. Alcune persone lo fanno e continuano a pianificare senza intraprendere alcuna azione. L'obiettivo della pianificazione è quello di darsi una visione d'insieme di ciò che è necessario fare per portare a termine il lavoro.

Una volta che si ha questo quadro, non c'è bisogno di tensioni. Passate all'azione - non c'è bisogno di avere ogni dettaglio nel piano. Una volta che avete una buona idea dei percorsi in avanti, muovetevi, e il resto seguirà.

9. Organizza bene la tua giornata

La maggior parte delle persone vuole completare un grande compito in una sola seduta. Ma questo non è giusto, e bisogna imparare a identificare quando si lavora meglio. Padroneggia i tuoi livelli di energia e la tua capacità di concentrazione. In questo modo, organizzerai i tuoi lavori in base a come ottimizzi la tua energia e il tuo tempo.

Pensa a un momento della giornata in cui avevi abbastanza energia. Durante questo periodo, ogni compito che facevi ti sembrava così facile. Hai finito il lavoro prima di quanto fai normalmente.

Ora, ricordate un momento in cui vi siete sentiti stanchi. Ogni lavoro che cercavi di fare durava all'infinito, e non potevi immaginare che lo avresti mai portato a termine. Durante questo periodo, il tuo livello di fiducia era basso, tanto che pensavi di non poter completare le richieste del tuo lavoro.

Anche se non è possibile avere alti livelli di energia per tutto il tempo, ma potete concentrarvi sui vostri livelli di energia. Prendete nota dei momenti in cui avete sperimentato un'energia elevata e programmate la maggior parte dei vostri lavori da completare in quei periodi. Poi, potete programmare altri compiti che non richiedono molta energia durante i periodi in cui vi sentite bassi.

In conclusione, la tendenza a procrastinare è abbastanza comune. Se avete dei compiti che dovete fare, ma continuate a procrastinare, allora dovete fermare questa abitudine adesso e agire.

Se vuoi essere ricco, non dovresti mai accontentarti di qualcosa di meno della migliore vita che puoi creare per te stesso. Procrastinare è un modo per ritardare il tuo successo. Smettila oggi, e inizia a lavorare sodo per realizzare il tuo potenziale.

Capitolo 2: I segreti di tutto il successo

Uno dei più grandi problemi che sperimentiamo nella vita moderna è che ci sono molte alternative per fare tante grandi cose. Ci sono molte cose intorno alla nostra vita che lottano per la nostra attenzione. E se non riusciamo a controllare la vita moderna, probabilmente essa controllerà noi. Parte del prenderne il controllo è semplicemente scegliere che questo è ciò che sento, questo è importante per la mia vita, e poi concentrarsi sulla propria sensazione.

Nella vita, la maggior parte delle persone fa fatica a spiegare dove stanno andando. Se volete vedere come la gente fa fatica, chiedete a cinque persone a caso di dirvi cosa non vogliono dalla vita. Sicuramente avranno tutti una lista considerevole. Sentirete cose come:

- Non voglio rimanere al mio lavoro ora.

- Non voglio continuare a vivere in questa casa di merda per un altro anno.

- Non voglio che il mio partner continui a chiedermi soldi e tempo da passare a casa.

Il "non voglio" si presenta sempre abbastanza facilmente. Così facilmente che si potrebbe pensare che l'abbiano praticato. È come se la gente pensasse costantemente a loro. E perché succede così? Nessuno lo sa, forse perché lo sono.

Così, dopo aver chiesto a queste persone di dire cosa non vogliono dalla vita, e loro stanno menzionando il loro quinto o sesto elemento. Fermateli improvvisamente, aspettate un secondo e dite: "Bene, ho capito cosa non volete dalla vita. Ora, potresti dirmi cosa vuoi dalla vita?" Questo è il punto in cui le cose si fanno interessanti. Osserva le loro espressioni facciali. Vedrete la loro perplessità seguita da un sopracciglio aggrottato. Ora, stanno iniziando a riflettere su ciò che hai chiesto. Le loro reazioni saranno completamente diverse da quando hai chiesto loro cosa non vogliono dalla vita. La maggior parte delle persone risponderà: "Beh, questa è un'ottima domanda" o "Fammici pensare".

Sembra che stiano dicendo: "Sono in una macchina che va veloce, e so per certo che non voglio andare a Las Vegas o in California. Ma non sono sicuro di dove voglio andare". E poi?

Non si va da nessuna parte. Finisci il carburante e non riesci a raggiungere la tua destinazione perché sai solo dove non vuoi andare. Sembra abbastanza semplice, vero? Oppure potresti dire: "Oh amico, è questa la grande saggezza che hai conservato per me?" È una parte importante. Ma avete bisogno di coprirvi la testa intorno a ciò che la saggezza è veramente. Una volta che l'avrete capito, comincerete a vedere perché questa potrebbe essere la ragione più grande per cui vi state trattenendo dallo sfondare al livello successivo.

Bene, lascia che ti faccia una domanda. Conosci qualcuno a cui si applica questa descrizione? Qualcuno che è più veloce a dire ciò che non vuole dalla vita piuttosto che dire ciò che vuole dalla vita? Può essere un amico, un coniuge o un parente che vive la vita in questo modo? Forse qualcuno che ti è più vicino, quella persona che vedi quando ti guardi allo specchio dopo esserti svegliato ogni mattina? Vedete, la società attuale è pazza.

E la spiacevole verità su questo tipo di società è che non importa quanto velocemente si possa raggiungere, non importa quanta ambizione si abbia, e non importa quanta energia si impegni in qualcosa. Se non hai una chiara visione e chiarezza sulla destinazione a cui vuoi arrivare, probabilmente non ci arriverai mai. Pensate a questo: Puoi comprare il veicolo più costoso del mondo e guidare più veloce che puoi, ma se non sai dove stai andando, non arriverai da nessuna parte velocemente.

Ecco alcune cose che incontrerete spesso. "Ho bisogno di più tempo in un giorno. Vorrei poter trovare un buon aiuto. Non ho mai abbastanza tempo per fare i miei affari o espandere la mia attività al livello successivo, o ottenere più soldi". Molte persone pensano di aver bisogno di 36 ore al giorno quando la verità è che non hanno una visione chiara di ciò che vogliono dalla loro vita personale. Bill Gates, Tesla o Mark Zuckerberg avevano 36 ore al giorno nella loro corsa al successo?

Se siete sopraffatti ogni giorno a causa del tempo insufficiente, delle distrazioni o della vostra stessa procrastinazione, allora sicuramente è perché non sapete chiaramente dove volete andare nella vita. Quando non hai un piano cristallino su dove ti stai dirigendo, tendi a passare il tempo facendo cose che ti impediscono di generare più soldi, ricevere promozioni e goderti la vita a un livello ottimale. Mentre stai facendo queste cose che non stanno in alcun modo migliorando il tuo futuro, sei costretto a dire di no a fare cose che potrebbero far crescere il tuo business, il tuo reddito e la tua felicità.

In alternativa, quando hai una visione chiara per la tua vita, eviterai di perdere tempo in cose che non migliorano i tuoi obiettivi, sogni o aspirazioni. Le tue azioni avranno un obiettivo e le tue ore saranno impegnate a realizzare quegli obiettivi. La tua procrastinazione si fermerà perché avrai la certezza al 100% che non puoi rimandare nulla al giorno successivo. Quindi, vediamo come puoi dare forma alla tua visione con l'aiuto di diverse abitudini di persone di successo. Una volta creata una visione per te stesso, le cose diventeranno chiare, e sarà come se tu avessi un nuovo paio di occhiali e scoprissi che la tua vecchia prescrizione era superata.

Si sa che fissare degli obiettivi è un passo importante per il successo. Benjamin Franklin fu tra le prime persone che delineò i suoi obiettivi e sapeva dove voleva arrivare nella vita. Tuttavia, quello che state per leggere in questo capitolo supera il normale processo di "definizione degli obiettivi". A volte stabilire degli obiettivi è difficile quando tutto intorno a te è occupato, rumoroso e persino spaventoso. Ma presto sarete onesti su dove vi trovate nella vita in questo momento. Scoprirete uno strumento segreto che vi aiuterà a guardare nel futuro e a vedere il vostro cammino. Dopo di che, ci concentreremo su dove vuoi andare con il tuo vero "perché". Poi l'unica cosa che rimane è imparare come realizzarlo. Tutto questo libro è scritto per fornirvi gli strumenti, i passi e, naturalmente, le abitudini per realizzare il "come".

Qual è il tuo stato attuale? Non mentire

Prima di dare un resoconto della tua vita, lascia che ti esorti ad essere onesto. In questo libro incontrerai domande difficili. Non cercate di rispondere a ciò che pensate vi farà sentire bene. Questo è ciò che la maggior parte delle persone fa senza pensarci, e anche se conosco il riflesso, dovete considerare il beneficio di essere onesti. È solo una volta che sei onesto con te stesso che puoi andare avanti per realizzare i tuoi sogni, desideri e obiettivi. Quindi, detto questo, cominciamo con il punto in cui ti trovi nella tua vita in questo momento. Innanzitutto, cosa significa esattamente questa domanda? Ciò che questa domanda significa è quali situazioni o situazioni stai attraversando attualmente nella tua vita? Perché stai leggendo questo libro?

Potrebbe essere che stai lottando con la nozione di avere un potenziale non sfruttato, o ti preoccupi che stai solo vivendo una vita normale invece della vita dei tuoi sogni. Forse stai cercando di ottenere qualcosa che possa assicurare le tue finanze perché la tua schiena è contro il muro, e il tuo mutuo ti sta tirando il sedere. O forse vuoi iniziare qualcosa di nuovo per cambiare la tua vita in meglio, se il tuo stato attuale può riferirsi a una qualsiasi di queste situazioni, ottimo.

Forse stai finendo i tuoi studi universitari, o stai attraversando l'università, e non conosci il tuo futuro. Forse credi che sia il momento di riscoprire completamente te stesso. Forse sei solo stanco di ascoltare qualcuno che ti comanda nello stesso lavoro noioso che hai avuto per un decennio, se questo è il caso, congratulazioni! Forse sei un imprenditore che è pronto per maggiori profitti, pronto per il prossimo livello, o pronto a sentire i segreti che possono spingerti al livello successivo. Se è così, congratulazioni per essere qui anche tu.

Questi esempi dovrebbero aiutarvi a riflettere sul vostro stato attuale e a riaffermarvi che ovunque vi troviate nella vostra vita, non siete soli. Quindi immergiti in profondità e sii onesto con te stesso. A volte, gli esseri umani amano fingere che tutto vada bene. Ma dimentichiamo ciò che conta davvero. Devi cercare di rimuovere quella mentalità che tutto va bene e delineare ciò che è veramente nel tuo cuore.

Quindi, smettete di leggere in questo momento e prendete un quaderno, o il vostro computer, o il telefono, e scrivete: "A che punto sono nella vita?". Potete andare oltre le vostre finanze ed elencare dove siete nelle varie parti della vostra vita che sono importanti. Questo può includere la salute, la famiglia, l'intimità e la carriera.

Continua a suddividere queste aree su un pezzo di carta, e accanto ad ognuna metti una piccola descrizione del tuo stato attuale. Non scrivere ciò che gli altri ti considerano. Invece, quando ti metti davanti allo specchio e sei onesto con te stesso, dove ti trovi? Prima di poter creare la tua destinazione ideale, devi essere consapevole del tuo punto di partenza.

Sii chiaro su dove vuoi andare

Tieni presente che quando inizi a concentrarti su ciò che vuoi piuttosto che su ciò che non vuoi, si trasforma in un'abitudine di successo che può cambiare completamente il risultato di tante cose nella tua vita.

Quando la lezione di questo capitolo è radicata in te, potresti guardare le rocce frastagliate per un secondo quando qualcosa va male, ma poi cercherai immediatamente quella radura, il "punto positivo". E più vi eserciterete in questo, più sarà probabile che vi concentriate sulla radura quando la vita vi sottopone a una rotazione. Ricorda sempre che quando ti

concentri sul risultato piuttosto che sull'ostacolo, la tua vita non
sarà più la stessa.

Vi siete mai chiesti come gli uomini e le donne più ricchi del
mondo abbiano avuto tanto successo? La risposta è che hanno
avuto una chiara visione di dove volevano arrivare e poi hanno
agito per raggiungerlo. Molti di noi vogliono di più dalla vita, ma
non siamo specifici sui nostri obiettivi, quindi non sappiamo
come arrivarci. Questo potrebbe essere il motivo per cui potreste
essere sviati da e-mail e telefonate. È il motivo per cui potreste
sentirvi stressati, disorganizzati e sopraffatti. È il motivo per cui
potresti avere il pensiero che il paese non è più quello di una
volta, e non c'è nessuna possibilità per te di saltare al livello
successivo. Questo è completamente falso. Ci sono molte
opportunità ora più che mai. Questo potrebbe essere il più
grande periodo della storia per stare davanti alla curva. Ma
prima, dovete conoscere la vostra destinazione e costruire una
mappa che vi aiuti a raggiungere il prossimo livello della vostra
vita. Una volta che avrete una visione veramente cristallina, le
cose che una volta vi tiravano indietro non avranno più alcun
potere di fermarvi dal realizzare il vostro obiettivo.

Pensate a scegliere dal futuro

La verità è che la definizione degli obiettivi è uno dei passi più critici per il successo. Ma siamo un po' onesti: fissare gli obiettivi alla vecchia maniera aspettando solo un anno, due o anche cinque anni è difficile. Abbiamo vite folli e impegnate, e possiamo essere rallentati da cose che non possiamo guardare in alto e vedere il futuro. Con la famiglia, il lavoro e tante altre cose che si muovono così velocemente, è difficile concentrarsi sulla strada da percorrere. Si passa molto tempo a occuparsi di ciò che si può vedere che fissare il futuro può essere difficile.

Ecco come puoi superare gli ostacoli quotidiani. Supponiamo che sia passato un anno da oggi, e quando rifletti sull'anno passato, scopri che è stato l'anno migliore della tua vita. Cosa ti sembra questo? Cosa ti dovrebbe succedere per svegliarti ogni giorno in fiamme, senza distrazioni, e convinto di non aver sprecato il tuo potenziale? Mentre scrivo questo paragrafo, sto riflettendo sul mio anno futuro e sto provando la pelle d'oca per quello che sto vedendo. Voglio che tu provi la stessa sensazione di eccitazione. Immaginate come sarebbe l'anno migliore della vostra vita e siate emotivi, siate inghiottiti, e immaginate dettagli specifici su ciò che lo ha reso così grande.

Per essere specifici, ponetevi le seguenti domande quando riflettete quest'anno:

- Quanti soldi stai guadagnando? Quanto hai risparmiato per la sicurezza della tua famiglia? C'è qualcuno di cui ti prendi cura finanziariamente?

- Dove lavori quotidianamente? Lavora da casa o si reca quotidianamente in auto in un nuovo luogo?

- Come ti guarda il tuo coniuge al mattino o dopo una lunga giornata?

- Stai spingendo la tua attuale azienda al livello successivo?

- Stai iniziando la tua azienda? Ti stai evolvendo nei ranghi del tuo lavoro?

- Ha un buon rapporto con il suo capo?

- Come appare la tua vita quando è un anno nel futuro, e rifletti, ed è stato l'anno più bello di sempre?

- Com'è il tuo rapporto con la tua famiglia o con i tuoi figli ora?

Sperimentate quei sentimenti senza alcuna restrizione e senza nulla che vi impedisca di provare queste emozioni. Non consolatevi: "Beh, potrei essere in forma, ma sono troppo occupato per allenarmi" o "Potrei lanciare la mia azienda, ma devo continuare con questo lavoro solo per pagare l'affitto". Questo è immaginare il futuro con le richieste attuali che vi trattengono come un'ancora.

Se devi ancora farlo, fermati e scrivi le tue risposte. Sii specifico su ogni area. Mentre scrivi, lascia che fluisca.

Vedete, quando sapete dove siete in questo momento, avete un vero punto di partenza. Poi, quando dedichi del tempo a riflettere per stabilire dove vuoi arrivare nel corso del prossimo anno, hai fatto più di quanto faccia la maggior parte delle persone che sono bloccate sul posto. Queste persone di solito ignorano questa abitudine e pratica. Tuttavia, le persone di successo non la ignorano. Perciò, quando saprete dove volete andare, comincerete a dire di no a certi amici, a rifiutare certi obblighi, a rifiutare certe opportunità, a rifiutare certe e-mail. Capirete che nel profondo quelle cose non stanno sostenendo la vostra visione. Una volta che sei sicuro di dove vuoi andare, puoi iniziare a mettere in atto dei passi d'azione per realizzare il miglior anno della tua vita, che si tradurrà nei migliori dieci anni della tua vita, e alla fine nel resto della tua vita.

Facendo esercizio, smetterete di essere sopraffatti. Troverete il tempo in più e il vostro stress scomparirà. Chiedete a tutte le persone di successo che conoscete o che incontrate, e scoprirete che sanno dove stanno andando nella vita e quali sono i loro più grandi obiettivi. Possiedono una visione interiore a cui si attengono, ed è il momento di ottenere la tua o di portare la tua al livello successivo. Una volta che hai capito il tuo stato attuale e dove vuoi essere, troverai anche più facile praticare altre abitudini di successo.

Identifica il tuo "perché

Saltiamo alla prossima componente importante. Questa è la parte che fa diventare la vostra visione una realtà. Questo è il passo d'azione che devi completare per renderla reale: determinare il tuo "perché". Qui sotto ci sono delle domande vitali sul "perché" a cui devi rispondere:

- Perché vuoi aumentare il tuo reddito al livello successivo?

- Perché vuoi che la tua azienda si evolva, o che salga di livello?

- Perché vuoi lanciare il tuo business?

- Perché vuoi che i tuoi genitori vadano in pensione?

- Perché vuoi perdere peso, avere più passione nelle tue azioni, provare più gioia ogni giorno e vivere una vita con più sorrisi che cipiglio?

Le ragioni per cui volete queste cose sono più profonde di quanto pensiate, e imparerete come identificare queste ragioni. E una volta fatto, siate pronti ad essere inarrestabili. Forse, piangerete anche un po'.

La sfida con la maggior parte delle persone è che non si immergono in profondità nei loro cuori e nelle loro anime per identificare la verità sul perché vogliono ciò che vogliono. Sfortunatamente, il nostro cervello può impedire ciò che è nel nostro cuore e nella nostra anima. Quando si chiede alle persone di menzionare il loro "perché", molti diranno: "Voglio più soldi per sperimentare la libertà finanziaria", o "Voglio più soldi per risolvere i miei problemi di debito", o anche dire qualcosa come: "Voglio perdere peso, così sarò bella". Bene, queste sono tutte buone risposte, ma non sono ragioni sufficientemente profonde. Senza uno scopo profondo, non potete spingere attraverso i vostri momenti più difficili. Chiedetevi se "voglio una casa nuova" è un'emozione forte che vi farà dimenticare la tempesta per ottenere ciò che volete? Chiediti se "voglio gli addominali" è un "perché" forte per portarti in palestra dopo una lunga giornata di lavoro? Ne dubito. Tuttavia, quando puoi associare un significato più profondo al "perché", tutto cambia.

Una domanda che non ci poniamo è: "Qual è lo scopo delle nostre azioni?" Sembra assurdo perché è una domanda che dobbiamo porci ogni giorno. Quando riesci a scoprire il tuo vero "perché", l'esatto scopo guida della vita, e a trasformarlo in azioni, acquisisci la spinta necessaria per andare avanti, più velocemente che mai.

Perché il tuo "perché" è così critico

Anche se insegni a un gruppo di persone come vendere banconote da 20 dollari per 10 dollari, alcuni di loro permetteranno a ciò che c'è tra le loro orecchie di impedire loro di avere successo. Anche con qualcosa di così semplice, devieranno comunque dal successo e non si renderanno nemmeno conto che si stanno uccidendo. Nella maggior parte dei casi, la paura è l'assassino del nostro slancio, rallentandoci fino a fermarci completamente.

Un perché più profondo

Volete avere la totale libertà della vostra vita e fare le scelte che volete? Certamente, questo è qualcosa che vorresti. Tuttavia, quando vivi una giornata difficile, quando le cose non vanno come vuoi tu, quando tutto va male nella tua relazione, quando la tua nuova attività fallisce, cosa ti spinge a continuare ad andare avanti? È la libertà finanziaria? Questo non è abbastanza profondo. Devi identificare la radice del tuo "perché". Perché vuoi diventare milionario? Perché vuoi accumulare ricchezza? Perché stai leggendo questo libro? Naturalmente, c'è un livello molto più profondo di scopo che ti spinge".

E quando lo scopri, trovi la forza motrice che non ti permetterà mai di fermarti.

Capitolo 3: Il potere della tua storia

Ognuno di noi ha una storia da raccontare o molte storie che hanno plasmato la nostra vita. Al centro, la vostra storia è dove vivete mentalmente, emotivamente e a volte anche fisicamente. La tua storia può essere il motore del tuo successo o l'ancora che ti appesantisce.

Quello che dovete fare è identificare quali storie dovreste raccontarvi. Queste sono storie che sono allineate con la nuova visione che hai per la tua vita.

La tendenza ad allineare la tua storia con la tua visione richiede del tempo. Ma la vostra ricchezza, felicità e successo futuro valgono un piccolo sforzo ora per un domani migliore? Certamente, lo valgono. Quindi svegliati, rimboccati le maniche e facciamo il lavoro insieme. In questo capitolo, imparerai le storie che racconti a te stesso e come anche quelle innocue tendano a trattenerti e a ridurre il tuo massimo potenziale. E il primo passo è capire perché racconti a te stesso e alle altre persone certe storie. Una volta capito questo, imparerai come cambiare quella storia da una limitante che ti sta negando la

fiducia in te stesso ad una che può portarti sulla luna e molto
oltre.

Scoprire la tua storia

Per migliorare le storie e filtrare le credenze autolimitanti nella
vostra vita, avete bisogno di spingere alcune di esse in primo
piano nella vostra mente. Per raggiungere questo obiettivo,
pensa alle aree della tua vita, che vuoi sperimentare la più
grande svolta. Dato che stai leggendo questo libro, è probabile
che generare più soldi, espandere la tua attività o trovare un
lavoro che ti piace rappresentino delle conquiste per te. Quindi
fermati un attimo e chiediti perché queste cose che desideri non
sono ancora accadute. Assicurati di non creare scuse, filtrare le
tue risposte, o fornire razionalizzazioni, o addirittura negare. Sii
semplicemente onesto e scrivi le ragioni per cui non hai
realizzato ciò che desideri.

Per aiutarti nel seguente esercizio, considera quali dei seguenti
fattori potrebbero impedirti di avere successo:

- Mancanza di tempo

- La tua salute

- Le vostre relazioni

- L'economia

- La tua educazione

- I vostri dipendenti

- Il tuo capo

- La tua mancanza di capitale

- Il tuo partner che non ti sostiene

Esistono molte altre ragioni; queste sono solo per aiutarvi a cominciare a pensare agli ostacoli sulla via dei vostri sogni.

Concentrati su cosa ti viene in mente all'istante quando pensi al perché non hai realizzato i desideri della tua vita? Qual è la storia che hai da raccontare? Spesso, quando vuoi crescere in una di queste aree, ma non ci riesci, significa che c'è un muro tra te e il tuo prossimo livello. E questo muro è una storia.

Ora rifletti sulle storie che ti sono venute in mente e scrivi gli ostacoli. Pensa a come la tua storia è diventata parte di te. Forse le notizie negative che hai ricevuto ogni giorno hanno sostenuto la tua storia negativa? Forse il messaggio che hai bisogno di migliorare le tue debolezze costruisce la storia? O forse i cattivi consigli dei tuoi amici hanno spinto la tua storia negativa fino a farla diventare la tua verità e la tua convinzione?

Ti sono venute in mente alcune storie?

Se sì, scriveteli. Se no, smettete di leggere per qualche secondo e pensate a ciò che state trattenendo. Probabilmente, stai rifiutando questo esercizio, dicendo a te stesso: "Beh, non ho nessuna storia; questa è la verità". Se questo è quello che credi, bene; scrivi quello che pensi sia la tua realtà.

Ora immergiamoci più a fondo e identifichiamo le convinzioni limitanti che nascondono questa storia profondamente radicata. Ricordate, queste storie possono essere state con voi per un bel po' di tempo. Risalgono alla prima infanzia. Il fatto folle è che le storie che ci privano del potere sono state radicate in noi dalle persone con cui abbiamo interagito nella vita. Queste storie agitano le scuse che il nostro subconscio ci manda per non vivere al massimo del nostro potenziale. Alla fine del seguente capitolo, dovreste essere in grado di opporvi alle vostre credenze e storie limitanti e buttarle via per sempre. Lasciatemi descrivere qui uno scenario che spero possa aiutarvi a immergervi più a fondo e a compiere questa missione.

Se i tuoi nonni hanno vissuto la Grande Depressione, forse hanno opinioni estremamente conservatrici sul risparmio. Potrebbero dire: "Devi andare sul sicuro. Devi trovarti un lavoro, che ti piaccia o no. Correre un rischio può essere molto pericoloso". Ed ecco la verità: la gente ha attraversato momenti difficili durante la Depressione. Molti in quel periodo non potevano nemmeno provvedere al cibo per le loro famiglie. In quel periodo storico, non c'era un grande margine di errore. Ci si concentrava sulla sopravvivenza. Una gran parte della popolazione faceva qualsiasi lavoro che trovava, se non avesse risparmiato ogni centesimo, avrebbe potuto perdere tutto.

Se questo è ciò che hanno vissuto i tuoi nonni, probabilmente hanno cresciuto i tuoi genitori con una mentalità prudente. Potrebbero aver inculcato le loro convinzioni dell'"era della depressione" ai tuoi genitori, e le hanno applicate a te. Queste convinzioni potrebbero impedirvi, e non lo sapete nemmeno. Forse vuoi espandere la tua attività o anche prendere una nuova posizione, ma la paura ti ha catturato e non sai nemmeno perché. Nella seguente situazione, io so perché. Si tratta di una storia generazionale limitante che ti è stata narrata dai tuoi genitori e dai loro genitori prima di loro. State vivendo con le idee di una persona della Grande Depressione anche se non state vivendo in

quel periodo. È una lotta invisibile, o un cattivo dentro di voi che
vi fa ristagnare.

Queste convinzioni possono ostacolare tutti i settori della vostra
vita, dalla religione in cui credete al partito politico verso cui
propendete, così come il tipo di persona che scegliete in una
relazione. Le vostre convinzioni limitanti sono subdole e dettano
molto di ciò che fate e di chi volete diventare. Non pensereste
che sia pazzesco se qualcuno dicesse che qualcun altro sta
controllando la vostra mente? Beh, nella maggior parte dei casi,
questo è esattamente ciò che sta avvenendo nella tua vita.

Quindi centra le storie e le convinzioni che ti stanno limitando in
vari modi. Quando pensi di fare qualcosa di nuovo o difficile
come iniziare un'attività o cercare di generare più soldi o
mettersi in forma, cosa dici ad alta voce a te stesso? Scrivi le
storie che ti vengono in mente e ciò che vuoi cambiare. Questo
comporta l'estrazione delle convinzioni che controllano la tua
vita.

Poi, notate da dove hanno origine queste convinzioni. Se siete
come molte persone, analizzerete le vostre storie e credenze e
direte: "Wow, questa è la credenza del mio professore

universitario, o quella è la credenza di mio padre". Anche se possono provenire da queste persone, se rimangono a lungo dentro di voi, diventeranno la vostra realtà. Quindi dovete identificarle e determinare quanto siano artificiali nella maggior parte dei casi. Dovete vedere che non sono le vostre credenze, ma credenze che vi sono state fornite da altri.

Una volta che li hai identificati, voglio condurti su un percorso che non solo dimostri che la tua storia non è vera, ma che ti indichi anche come invertirla e impostare una nuova storia, illimitata e ispiratrice, che ti guidi verso tutte le diverse categorie di successo della vita.

Come ha influito sulla tua vita?

C'è la possibilità che tu non sappia quanto sia stato negativo l'effetto della tua storia. Dedica un po' di tempo ad esaminare il suo impatto rispondendo a queste domande:

- È svanito o ha danneggiato la sua fiducia e ridotto la sua autostima?

- Ti ha fatto vivere nella confusione, nel dubbio, o addirittura andare in terapia?

- Ti è costato la salute, la tranquillità, la carriera o la gioia?

- Ti ha fatto paura di tentare di iniziare il tuo business o di creare abbastanza ricchezza con le tue idee?

È probabile che abbiate risposto sì a una o più di queste domande. Se questo è vero, esamina e scrivi il costo. Cosa ti è stato negato, che tipo di perdita hai subito e quali sfide sono sorte a causa della storia che ti racconti? Non temere di scrivere frasi complete. Basta che lo scriviate su carta, in modo da avere qualcosa di tangibile a portata di mano. Il punto è che hai bisogno di vedere le opportunità perse che una brutta storia o una convinzione negativa può causare e quindi generare più risentimento verso di essa e più urgenza di cambiarla. Ma andiamo anche oltre.

Rifletti sul futuro e pensa a quanto queste storie continueranno a costarti se non le cambi. Nel tuo percorso su dove vuoi arrivare nella vita, come possono queste storie ostacolarti? Immagina la tua vita tra 5 anni, 10 anni o anche 20 anni. Cosa non sei riuscito a raggiungere o a fare a causa di queste storie e convinzioni? Chiudi gli occhi e pensa alle opportunità mancate nel futuro. Permetti a te stesso di sperimentare il dolore di quell'opportunità mancata. Hai intenzione di dare abbastanza potere a queste storie? Sappiate cosa vi sono costate e cosa continueranno a costarvi.

Aggrapparsi a una brutta storia o a una brutta convinzione può avere un effetto a catena in molte aree della vostra vita. Quindi capovolgiamola in una storia potenziante e senza limiti.

Dimostrare che non è vero

Per dimenticare definitivamente la tua vecchia storia, cerca delle prove che dimostrino che è spazzatura. Ci sono persone senza soldi e con una brutta infanzia che sono riuscite a fare grandi cose, a godere di buone relazioni, ad avere grandi amici e ad avere successo finanziario? Certamente, sì. Le probabilità sono che la vecchia storia a cui avete creduto sia sbagliata; dovete trovare una prova che sia un mucchio di stronzate. È inutile pensare di essere l'unico con problemi specifici che ti trattengono. Trovate la prova che quelle storie e convinzioni limitanti sono delle stronzate.

Creare una conversazione con Dio

Il seguente esercizio scatenerà un vero disgusto per le vostre vecchie storie. Supponiamo che tu stia conversando con Dio, o con chiunque tu creda sia il tuo creatore. Immagina che Dio ti dica: "Perché non stai vivendo al massimo del potenziale che ti ho instillato? Ti ho messo al mondo e ti ho dato capacità illimitate nella tua vita. Cosa ti impedisce di essere il tuo meglio, tu?". Siediti da qualche parte in silenzio e rifletti su questa domanda. Ora, immagina di rispondere a Dio con la storia che potresti aver scoperto di recente.

Ora pensate di offrire queste razionalizzazioni e scuse a una persona che ha sperimentato la crudeltà, o un campo di concentramento. Probabilmente tu hai vissuto una vita tragica, ma è probabile che la tua storia sia più tragica. Sei passato attraverso molti divorzi, o hai avuto molte spese, o ti sei sempre sentito timido e hai avuto poca autostima. Non stiamo rifiutando le tue difficoltà, ma solo chiedendoti di riflettere su di esse. Anche se hai vissuto il peggio, ci sono persone che hanno sopportato battaglie epiche e sono comunque riuscite a realizzare l'impossibile. E la maggior parte di loro ha sconfitto il proprio passato perché ha rifiutato di permettere alla tragedia e alla difficoltà di definirli. Hanno definito una storia diversa per le loro vite. Quindi, quando dici a Dio di come non hai mai realizzato i tuoi obiettivi di carriera perché i tuoi genitori erano molto critici nei tuoi confronti, non ti fa risentire questa storia?

Dillo ad alta voce

A causa del processo che abbiamo discusso e del modo in cui abbiamo narrato la "tua storia", un altro metodo per liberarti della tua vecchia storia è quello di dirla ad alta voce e ascoltare come appare stupida. Dillo varie volte, e ascolta te stesso che lo articola ripetutamente. Dillo ad alta voce: "Non ho una bella vita perché ......" La tua storia potrebbe essere stata traumatizzante, ma quando la dici ad alta voce, inizi a sentire quanto sembri fuorviante. Di nuovo, la tua vita potrebbe essere peggiore di qualsiasi cosa io possa immaginare e non sto in alcun modo cercando di limitare le tue esperienze. Ma indipendentemente da ciò che è stato, indipendentemente da quanto sia stato brutto, devi essere abbastanza disgustato dalla vecchia storia limitante per fare i passi che ti permettono di sostituirla con una nuova storia.

Identificare il buono in ogni storia

Ora iniziamo il processo di trasformazione di quella storia limitante in una ispiratrice e senza limiti. Quando cambi gli aspetti della storia, la tua narrazione inizia a migliorare. Chiediti: qual è qualcosa di buono che figura nella tua storia? Qual è qualcosa che una volta credevi fosse un ostacolo nella tua vita, ma hai acquisito delle abilità che ti hanno reso quello che sei oggi? Potrebbe essere che sei stato licenziato da un lavoro una volta, e questo ti ha fatto sentire come se non fossi abbastanza bravo, ma è stato quell'evento che ti ha aiutato a dedicare più tempo a te stesso e a raggiungere la migliore forma fisica e mentale della tua vita.

Identificate il buono della vostra storia e cominciate a convertirlo in una storia ispiratrice. Ricordate le parole di Tony Robbins: supponiamo che la vita accada per noi, non a noi. Rifletti la tua storia con questa prospettiva "identifica il bene", e quelle vecchie storie iniziano a perdere il loro potere velocemente.

È ora di cambiare la tua storia

Diciamo che vivete in una casa piena di vecchi ricordi della vostra vita, e alcuni sono bei ricordi, ma altri sono quelli negativi che vi ricordano cose brutte successe in passato. Ora immagina che la casa cominci a bruciare e che tu abbia una piccola valigia tra le mani e solo un minuto per salvare alcuni di quei ricordi. Per arrivare a quel livello di successo nella vita, dovete decidere di compilare solo i ricordi, e questo vi aiuta ad andare avanti. Se è un ricordo negativo che trascina la vostra mente, lasciatelo bruciare nel fuoco. Andate avanti solo con quelle cose che vi permetteranno di fare la migliore vita possibile. Tenete a mente che il passato vive solo dentro di voi. Dovete considerare il passato come ricerca e sviluppo. È lì per imparare da esso e diventare una persona migliore. Nel caso in cui il passato vi perseguiti, o non serva al vostro futuro più grande, allora lasciate che quel ricordo bruci nel fuoco.

Ricordate, ieri è il passato e non possiamo cambiarlo. Il domani è un film nella nostra testa che non è ancora stato girato. E noi abbiamo solo questo momento. Quindi lasciate che il peso del passato scompaia per sempre.

È il momento di modificare la vostra storia. Ora che sapete cosa vi è costata la vecchia storia, perché non è nemmeno vera, come piccoli fattori esterni la spingono e, soprattutto, come dovreste esserne imbarazzati, dovreste essere motivati a rifarla.

Indipendentemente da come erano le vostre vecchie circostanze, potete lasciarvele alle spalle. Se sei stato tradito, se il tuo amante ti ha rubato i soldi o se i tuoi genitori non ti amavano, dimentica quelle storie e crea una versione migliore della tua storia e sostituiscila.

Scrivi la tua nuova storia

Mentre crei questa storia, assicurati di fare il contrario di quello
che abbiamo fatto prima e trova la prova che la tua nuova storia
è vera. Cerca le prove su internet, cerca un mentore o parla con
un coach esperto. Fai qualsiasi cosa sia possibile per trovare la
prova che quello che stai dicendo ora è possibile. La maggior
parte dei milionari ha attraversato l'inferno una o più volte nella
loro vita. Identifica le loro storie e usale come leva per
sviluppare le tue. Le prove sono ovunque, quindi cercale.

Scrivilo, rivedilo, ma fallo realizzare. Quando ti sembra di averla
perfezionata, mandala al tuo telefono e copiala e incollala
nell'app delle note in modo da poterla leggere quotidianamente.
Inizia a ripeterla a te stesso e cerca di memorizzarla. E quando la
vecchia storia riaffiora nella tua mente, sii consapevole dei tuoi
pensieri. Se ti svegli di notte e scopri che ti stai raccontando di
nuovo la stessa vecchia storia spazzatura, dì a te stesso: "Questa
è una storia orribile! È una sciocchezza" e sostituiscila con quella
nuova.

Ora dì la tua nuova storia ad alta voce

Quando avete le nuove storie, allora è il momento di memorizzarle nel vostro subconscio. Ricorda, potresti aver pensato a quelle vecchie credenze limitanti per 10, 20, o 30 anni, o più. Allo stesso modo in cui ci vogliono molte sessioni in palestra per mettersi in forma, anche voi dovete memorizzare la vostra nuova storia nella vostra vita molte volte. Quindi assicurati di dirla ad alta voce per i prossimi 30 giorni, ogni sera prima di dormire. Lascia che sia l'ultima cosa a cui pensi mentre ti appisoli, e assicurati che sia la prima cosa a cui pensi quando ti svegli al mattino. Cercate di farne una routine quotidiana per almeno il mese successivo.

Inoltre, identifica una persona nella tua vita a cui puoi raccontare la tua nuova storia e che lo apprezzerebbe. Fai sapere a questa persona come sei cambiato e condividi con lei il processo di scambio delle vecchie storie con le nuove.

Chiedete a qualcuno di essere il vostro amico di responsabilità o allenatore che può aiutarvi a indirizzarvi o almeno a tenervi in pista. Se conoscete qualcuno che può farvi da mentore e guidarvi, contattatelo e non lasciatelo andare.

Confronta le tue due storie

Infine, una volta che hai finito di scrivere la tua nuova storia, confrontala con la vecchia storia. Vedi quanto diverso sarà il risultato della tua vita non solo cambiando una storia o una credenza, ma convertendo tutte le storie che non servono al tuo scopo superiore o al tuo vero "perché". Avete passato molti anni con la vecchia storia che potrebbe volerci del tempo per rimuoverla dalla vostra coscienza. E questo va bene. Quindi non perdete la pazienza, ma rimanete persistenti. Ma ricordatevi di ripetere ogni sera e ogni mattina la vostra nuova storia creata. Potrebbe richiedere circa 10 minuti ogni giorno, ma meditateci sopra e cercate di sentire quella nuova storia.

Puoi imparare molto su te stesso e sul tuo futuro successo trasformando le storie passate e uccidendo il cattivo dentro di te. Una volta che hai ucciso il cattivo dentro di te e hai cambiato la tua storia, hai intrapreso il cammino per liberare l'eroe che vive dentro di te e finalmente realizzare la felicità e la ricchezza che meriti.

Capitolo 4: Attrazione e persuasione

Gli esseri umani vogliono che le cose accadano subito, e potrebbero non farlo. Spesso, stiamo solo piantando un seme di cui non conosciamo il risultato. È difficile per noi capire che quello che vediamo davanti a noi potrebbe non essere la fine della storia.

Sia l'energia che i mattoni fondamentali della nostra materia sono tutti interconnessi. I nostri atomi si uniscono agli atomi dell'aria, che poi si collegano ad altra materia organica, agli animali, agli esseri umani, agli alberi e a tutto il resto.

Anche se la complessità della vita dopo miliardi di anni di evoluzione ha sviluppato una serie diversificata di organismi qui sulla terra, abbiamo ancora tutti origine dalla stessa fonte, che può essere fatta risalire non solo agli inizi dell'esistenza della terra, ma anche all'inizio dell'universo stesso, e al tempo come è oggi.

È quell'unica fonte di energia e le mutazioni casuali dopo molteplici ripetizioni nell'albero dell'evoluzione che hanno sviluppato gli esseri unici che siamo oggi. Siamo tutti unici in piccoli modi. Tuttavia, alcuni di noi sono unici in modi molto grandi. Non solo nelle apparenze fisiche, ma nei nostri stati emotivi, mentali e spirituali.

Con tutta questa unicità arrivano diverse tecniche per un argomento comune che ci unisce tutti: il denaro. Il denaro è solo una storia. È la più grande storia che gli esseri umani abbiano mai creato.

I pensieri nella nostra mente, che viaggiano come energia attraverso le sinapsi dei nostri neuroni, ci permettono di avvicinarci o allontanarci dal risultato di chiunque. Ciò che pensiamo è ciò che diventiamo. Il denaro, in effetti, è solo un pensiero. Acquista vita dall'energia all'interno della nostra mente.

Legge di attrazione per il denaro

1. **Visualizza la tua ricchezza come l'hai già raggiunta**

La legge dell'attrazione afferma che le cose che credete interiormente e proiettate all'esterno saranno le cose che porterete nella vostra vita. Se vuoi attrarre denaro, allora devi visualizzarlo come se lo avessi già.

Visualizzare una vita in cui si ha tutto il denaro che si desidera non solo sviluppa una mentalità più ricettiva al guadagno finanziario, ma permette anche di immaginare come sarà la propria vita una volta raggiunti i propri obiettivi.

Questo può agire come una forte fonte di motivazione che continuerà a spingerti avanti quando le cose diventano difficili.

Visualizzare il denaro come si ha già, può anche sviluppare una mentalità di abbondanza, a differenza di una mentalità di scarsità.

Uno dei motivi principali per cui i ricchi non hanno problemi a diventare ricchi è che vedono il denaro che non hanno come qualcosa di abbondante e desiderabile. Allo stesso modo, vedono il denaro che possiedono come uno strumento che può essere utilizzato per generare più denaro invece di qualcosa che deve essere salvato o protetto.

Questo tipo di mentalità dell'abbondanza avviene naturalmente quando si hanno molti soldi, ma può anche essere creato visualizzando il denaro come qualcosa che si ha già in abbondanza.

Se vuoi stabilire un punto di ancoraggio fisico per le tue visualizzazioni, porta in tasca una banconota da cento dollari.

Facendo questo può farvi sentire più ricchi e impedirvi di poter mai dire che siete al verde - e quindi prevenire i pensieri limitanti che vanno insieme all'essere al verde.

2. Determinare le tue convinzioni limitanti sul denaro

Per attivare la Legge di Attrazione nella tua vita, devi determinare e cambiare le tue convinzioni limitanti sul denaro. In tutta la nostra vita, fin dall'infanzia, abbiamo sviluppato convinzioni limitanti sul denaro che abbiamo memorizzato nel tempo e accettato come vere.

Queste sono cose come il denaro non cresce sugli alberi ed è molto difficile da acquisire, o l'idea che il denaro non può comprare la felicità, o la convinzione limitante che non si può essere ricchi ed essere una buona persona allo stesso tempo.

Prima che tu possa iniziare a far leva sulla Legge di Attrazione, è importante prima affrontare qualsiasi convinzione limitante sul denaro che potresti avere.

Quando si vede il denaro per quello che è veramente - una fornitura accessibile e illimitata di una risorsa che si può usare in qualsiasi modo si voglia, è più facile sviluppare le abitudini e la mentalità necessarie per acquisire ricchezza.

Un modo potente per affrontare le convinzioni limitanti sul denaro è l'applicazione di affermazioni positive.

Ciò che dici a te stesso è ciò che credi e ciò che credi effettivamente diventa la verità. Applicando affermazioni positive per combattere le convinzioni limitanti sul denaro, puoi creare una mentalità sul denaro che ti permette di sfruttare la Legge di Attrazione.

3. L'Universo vi fornirà più

Ricordate che l'universo vi fornirà più di ciò per cui siete grati. Pertanto, non dovreste sottovalutare il potere della gratitudine.

In generale, le cose per cui siete grati saranno le cose che vorrete perseguire con grande ambizione. Essere grati per qualcosa elimina anche qualsiasi convinzione negativa che avete, e vi renderà più ricettivi a nuove opportunità.

Mentre continui ad adottare una mentalità positiva sul denaro che ti permette di sfruttare la Legge di Attrazione, non ignorare il valore della gratitudine.

Riconoscete il denaro che avete. Apprezzate ogni opportunità che avete per generare più soldi e siate grati quando queste opportunità danno i loro frutti.

Indipendentemente da quanti o pochi soldi stai facendo attualmente, un atteggiamento di gratitudine è importante se vuoi diventare un milionario.

4. Concentrarsi sull'abbondanza

Più ti concentri su un argomento, più è radicato nella tua vita. Prendi l'abitudine di concentrarti sull'abbondanza che hai già. Mostra apprezzamento per il denaro che hai già, per la tua macchina e per tutte le altre comodità che usi nella tua vita

quotidiana. Senti che sei abbondante e che stai diventando più
ricco ogni giorno che passa.

5. Smettere di pensare troppo

L'unica cosa che può influenzare la legge di attrazione è pensare
troppo a ciò che si vuole. Questo può innescare sentimenti di
resistenza e tensione. È più importante gestire il tuo stato
emotivo e realizzare che ciò che vuoi sta già arrivando.

Pensieri finali

Puoi applicare la legge di attrazione per tutto ciò che vuoi. Basta
tenere a mente che il viaggio deve essere liscio e non richiede
difficoltà.

Capitolo 5: Principi di ricchezza

Viviamo in un mondo di dualità, caldo e freddo, destra e sinistra, dentro e fuori. Questi sono solo alcuni esempi delle migliaia di poli opposti. Perché un lato esista, deve esistere anche l'altro. È possibile avere un lato sinistro senza il lato destro? Non proprio.

Allo stesso modo in cui ci sono leggi esterne riguardanti il denaro, ci devono essere leggi "interne". Le leggi esterne comprendono cose come la conoscenza degli affari, le strategie di investimento e la gestione del denaro. Queste sono importanti. Ma il gioco interiore è altrettanto critico. C'è un detto che dice: "Non basta essere nel posto giusto al momento giusto. Devi essere la persona giusta nel posto giusto al momento giusto".

Quindi devi chiederti chi sei. Come pensi sempre? Quali sono le tue convinzioni? Quali sono i tuoi tratti e le tue abitudini? Come ti senti veramente con te stesso? Quanto sei fiducioso in te stesso? Qual è il tuo rapporto con gli altri? Quanto ti fidi degli altri?

Pensi veramente che meriti di essere ricco? Quali sono le tue probabilità di agire nonostante la paura, nonostante il disagio, nonostante la preoccupazione e il disagio? Riesci a fare qualcosa quando non sei dell'umore giusto?

La verità è che il tuo carattere, le tue convinzioni e il tuo pensiero sono una parte importante di ciò che determina il livello del tuo successo?

La chiave del successo è aumentare la tua energia, e quando lo fai, le persone saranno naturalmente attratte da te.

Principio della ricchezza: il tuo reddito può crescere solo al livello che fai tu

Probabilmente avete sentito storie di persone che hanno perso tutto finanziariamente, vero? Avete visto persone che all'inizio avevano un sacco di soldi e poi dopo un po' di tempo li perdono? Spero che ne conosciate la causa. È importante che quando iniziate a maneggiare grandi quantità di denaro, dovete essere pronti per questo. In caso contrario, la vostra ricchezza avrà vita breve.

Dovete avere la capacità interna di creare e conservare grandi quantità di denaro. Inoltre, dovete essere in grado di gestire le sfide che derivano dal possedere molto denaro.

Quando i milionari che si sono fatti da soli saltano in aria finanziariamente, si riprendono comunque perché non perdono la formula per creare ricchezza. A differenza della maggior parte dei vincitori della lotteria che quando perdono tutti i soldi, rimangono bloccati nello stato originale in cui si trovavano.

Le radici creano i frutti

Quando si tratta della vita, i nostri frutti sono rappresentati dai nostri risultati. Quindi, quando guardiamo i risultati e non ci piacciono, cosa facciamo?

La maggior parte delle persone continua a concentrarsi sui frutti - i nostri risultati. Ma cosa crea esattamente quei risultati? Sono le radici e i semi che creano quei frutti?

È tutto ciò che è sotto la terra che crea ciò che è sopra. Quindi, se non ci piacciono i frutti, dobbiamo cominciare ad annaffiare le radici dell'albero, diserbare l'albero e applicare del fertilizzante per migliorare i frutti. Ma lo facciamo? Naturalmente no. In breve, se volete cambiare il visibile, dovete prima cominciare a cambiare l'invisibile.

Principio di Ricchezza 2: Il denaro è un risultato; il tuo peso è un risultato; la malattia è un risultato. Siamo in un mondo di causa ed effetto.

Avete mai sentito qualcuno lamentarsi che la mancanza di denaro è un problema? Il fatto è che la mancanza di denaro non è mai e poi mai un problema. La mancanza di denaro è solo un sintomo di ciò che sta accadendo sotto.

La mancanza di denaro è l'effetto, ma qual è la causa principale? Si riduce a questo. L'unico mezzo per cambiare il vostro mondo "esterno" è prima convertire il vostro mondo "interno".

Non importa i risultati che stai strappando, se ricchi o poveri, positivi o negativi, tieni sempre presente che il tuo mondo esterno è un riflesso del tuo mondo interiore. Se le cose non vanno bene nella tua vita esterna, è perché le cose vanno male nella tua vita interiore.

Le dichiarazioni sono un ingrediente potente per il cambiamento

Le dichiarazioni sono uno strumento prezioso per il cambiamento. Ogni dichiarazione che fai ha la sua frequenza vibrazionale. Quando dite una dichiarazione ad alta voce, la sua energia viaggia attraverso le cellule del vostro corpo, e tenendo il vostro corpo allo stesso tempo, potete sperimentare la sua risonanza unica. Le dichiarazioni inviano un potente segnale all'universo e alla vostra mente subconscia.

Vi esorto a dichiarare le vostre dichiarazioni ad alta voce ogni mattina e sera. Eseguire le vostre dichiarazioni mentre vi guardate allo specchio migliorerà ancora di più il processo.

Detto questo, vi chiedo di mettervi una mano sul cuore e dire ad alta voce quanto segue:

"Il mio mondo interiore definisce il mio mondo esterno".

"Ho una mente milionaria".

Principio di ricchezza 3: Tra le emozioni profondamente radicate e la logica, la mente subconscia sceglierà le emozioni.

Ricorda, il tuo condizionamento subconscio definisce il tuo pensiero. Il tuo pensiero determina le tue decisioni, e le tue decisioni determineranno le tue azioni, che infine determineranno i tuoi risultati.

Ci sono quattro elementi principali di cambiamento, ognuno dei quali è importante per riprogrammare il vostro progetto finanziario. Sono semplici ma molto potenti.

Il primo è la consapevolezza. Non si può cambiare qualcosa se non si sa che esiste.

Il secondo elemento è la comprensione. Padroneggiando il tuo modo di pensare, puoi sapere che deve venire da fuori di te.

Il terzo aspetto del cambiamento è la dissociazione. Una volta compreso un determinato modo di pensare, si può prendere le distanze da esso e decidere se mantenerlo o lasciarlo andare a seconda di dove si vuole essere domani.

Il quarto aspetto è il ricondizionamento. Si tratta di ricablare la vostra mente subconscia a livello cellulare e permanente.

Principio di ricchezza 4: essere profondamente motivati

Il denaro è un motivatore superficiale per spingerti a raggiungere il successo.

La sfida è che la ricchezza finanziaria è un obiettivo esterno con vantaggi limitati al mondo esterno a te. Il denaro può comprare cose, ma non può comprare la felicità. Può costruire per te una bella prigione, ma non può farti uscire di prigione.

I limiti di fondo degli obiettivi esterni riducono allo stesso modo la motivazione quando li si cerca.

Per riuscire a creare ricchezza, si vuole essere spinti da obiettivi interni più che da orpelli esterni di ricchezza.

Volete una ragione che generi una trasformazione nella vostra vita e vi spinga abbastanza in profondità da superare tutti i problemi che si frappongono tra voi e la libertà finanziaria.

Obiettivi interni che potrebbero concentrare la tua attenzione abbastanza da riuscire a consistere:

1. La carità. Più si ha, più si può dare.

2. Libertà. Staccati dagli eventi inutili per avere più tempo per crescere e vivere il tuo massimo potenziale.

3. Crescita. Quando avete la libertà finanziaria a portata di mano, avete abbastanza tempo per cercare la libertà personale. Le ricchezze nel vostro mondo esterno diventano un riflesso della ricchezza nel vostro mondo interiore. I principi che portano alla ricchezza finanziaria possono anche portare alla vera ricchezza influenzando altre aree della tua vita.

4. Leadership. Fai crescere la tua ricchezza nel modo giusto, in modo da poter essere un buon esempio per gli amici e la famiglia.

Il motivo per cui dovete avere cause più profonde è che creare ricchezza non è facile.

Incontrerai molte sfide che dovrai superare lungo il tuo percorso verso la libertà finanziaria. Devi essere pronto a pagare il prezzo per raggiungere il tuo obiettivo.

Per rimanere nel corso abbastanza a lungo da avere successo, devi essere spinto da un impegno che va più in profondità del semplice stile di vita che il denaro può comprare.

Principio di ricchezza 5: vivere con il 100% di integrità

Assicuratevi di fare cose che renderanno orgogliosi i vostri genitori.

Non invadere altre proprietà, distruggere l'ambiente o violare la legge morale. Non mentire e nemmeno imbrogliare in cerca della libertà finanziaria.

La regola è semplice. Se non vi sembra giusto, allora forse non lo è. Se non vi sentite bene a dire al vostro coniuge, ai vostri genitori e ai vostri figli cosa state facendo, allora probabilmente non dovreste farlo.

Non scegliere mai la convenienza al posto dell'integrità, perché nessuna grandezza di ricchezza finanziaria può sostituire una buona notte di sonno, una mente tranquilla e una coscienza chiara.

Principio della ricchezza 6: Offri più valore di quello che prendi

Aggiungere valore alla società dando più di quanto si riceve rende tutti migliori. È così che si crea ricchezza. Migliori la vita degli altri migliorando la tua.

Mentre il mondo è pieno di persone che hanno accumulato ricchezza sfruttando gli altri o l'ambiente, ma prendere valore non può mai portare alla felicità.

Lo sfruttamento può generare ricchezza, ma fornire valore porta appagamento e ricchezza.

Quando dai più valore di quello che ricevi, il successo diventa una misura di quanto hai dato. Più sei ricco, più stai dando agli altri.

È un modo perfetto di vivere.

Principio di ricchezza 7: essere disciplinati

Diventare milionario è l'effetto cumulativo di molte piccole cose combinate e composte nel corso della vita. In altre parole, le tue abitudini quotidiane faranno o romperanno il tuo successo.

Investire, risparmiare, crescere e reinvestire la propria intelligenza finanziaria e aziendale sono importanti abitudini di creazione di ricchezza che richiedono uno sforzo continuo.

In breve, la creazione di ricchezza richiede disciplina.

Senza disciplina, si rischia di iniziare a procrastinare. È necessario iniziare le giuste abitudini oggi senza indugio. Ci vuole disciplina per superare la procrastinazione iniziando oggi e per persistere domani.

Un altro grande ostacolo a una routine quotidiana disciplinata è il "pensiero magico". Questo si riferisce alla falsa convinzione che la sicurezza finanziaria avverrà magicamente senza un'azione o un piano specifico.

Devi sapere da oggi che la ricchezza accade perché tu fai quello che serve per farla accadere. L'aspetto della ricchezza immediata si basa sul terreno di anni di disciplinata routine quotidiana. Ricorda, la fortuna arriva a coloro che fanno le loro pause.

Principio di ricchezza 8: Stabilire ambienti di sostegno

Se diventare ricchi fosse facile, allora tutti sarebbero ricchi. Eppure, solo pochi raggiungono la libertà finanziaria, anche se chiunque può creare un mezzo per diventare ricco.

I fattori distintivi sono un'azione persistente e concentrata. La vita è piena di distrazioni che danneggiano i tuoi piani di ricchezza.

La soluzione è sviluppare un sistema di supporto che ti aiuti a rimanere concentrato e ti avvicini alla ricchezza.

Principio della ricchezza 9: usare la leva per creare ricchezza

La leva è un grande strumento per generare ricchezza. Non si può diventare ricchi se si scambia il tempo con il denaro, ed è difficile farlo da soli.

Dovete scegliere di lavorare in modo più intelligente piuttosto che più duro usando i principi di:

1. Leva finanziaria.

2. La leva del marketing.

3. Leva del tempo.

4. Leva di rete.

L'effetto leva vi permette di generare più ricchezza di quanto potreste mai fare incorporando risorse che si estendono oltre le vostre capacità.

È importante far crescere la ricchezza senza essere ostacolati dalle proprie capacità.

Principio della ricchezza 10: tratta la tua ricchezza come il tuo business

Non si può costruire un business senza un business plan. Allora perché dovreste costruire ricchezza senza un piano?

Scrivete il vostro piano patrimoniale basato su principi commerciali di qualità che portano al successo. Alcuni di questi principi consistono nell'archiviazione accurata dei registri, nella responsabilità e nella leva finanziaria.

Gestisci i tuoi soldi come se fossero i tuoi affari, perché è esattamente quello che sono.

Inoltre, il vostro piano patrimoniale personalizzato dovrebbe prendere in considerazione i vostri interessi, risorse e capacità uniche.

Una volta fatto, il vostro piano patrimoniale sarà radicato nella vostra situazione di vita unica, pur rispettando i principi di successo comprovato che nessun piano patrimoniale è completo senza di esso.

Principio della ricchezza 11: Gestisci la tua ricchezza

Tu sei un servo della ricchezza così come la ricchezza è il tuo servo.

Attraverso la vostra eredità patrimoniale, avete la possibilità di benedire voi stessi e la vita della vostra famiglia ora e in futuro. E puoi andare oltre, espandendo la rete per includere la vita di tutti coloro che ti seguono.

Come creatore di ricchezza di successo, sarai in una posizione perfetta per organizzare per associazioni di beneficenza che realizzano un grande bene sociale.

Tenete a mente che la ricchezza non è qualcosa che si possiede, ma un flusso che ha una casa temporanea nelle vostre mani.

Principio di ricchezza 12: essere coraggiosi

La ricchezza non viene dalla folla. Viene dal fare ciò che gli altri non sono in grado di fare. Pertanto, ci vuole coraggio per mettere quell'impegno e quello sforzo in più.

In breve, ci vuole coraggio per stabilire la ricchezza. Quindi siate coraggiosi in tutto ciò che fate.

In sintesi, questi sono principi di costruzione della ricchezza che portano alla vera ricchezza. L'obiettivo non è solo diventare ricchi, ma sviluppare una vita equilibrata e soddisfacente.

Capitolo 6: Scoprire il tuo Perché emotivo

Le emozioni sono una forza da ricordare. Per esempio, avete mai permesso che la paura del fallimento vi ritardasse dal fare qualcosa che sapete di dover fare, come creare un budget o anche investire? Che dire del rimorso dell'acquirente dopo un grande acquisto, o qualsiasi acquisto per questo motivo? Se avete sperimentato una di queste reazioni, capite quanto sia grande il potere delle emozioni nella nostra vita finanziaria. Gli psicologi definiscono queste emozioni e convinzioni che abbiamo sul denaro come "copioni di denaro".

Il fondamento delle tue abitudini di denaro

Hai mai la sensazione che la disciplina di prendere decisioni finanziarie ben ponderate sia troppo bella per essere vera? Perché indipendentemente da quanto duramente ci provi, non riesci ad attenerti ad essa? Beh, so che altri si sentono allo stesso modo. Questi sentimenti non sono strani e probabilmente sono dovuti al peso emotivo e psicologico che tutti noi portiamo in giro associato al nostro denaro, chiamato anche script del denaro. E questi copioni di solito iniziano a mostrarsi in un'età molto giovane.

Anche se possiamo non saperlo, passiamo la nostra infanzia pensando a come i nostri genitori e altri modelli di ruolo si relazionano e gestiscono il denaro. Nel corso del tempo, il nostro cervello è inconsciamente allenato a rispondere nello stesso modo. Se i vostri genitori erano sicuri della loro capacità di fare saggi investimenti, probabilmente investireste con fiducia. D'altra parte, se avete visto i vostri genitori litigare per le spese, potreste provare dei forti sensi di colpa quando completate certi acquisti.

I semi dei copioni sul denaro si creano nell'infanzia, vengono annaffiati dall'osservazione e infine crescono fino a influenzare le vostre convinzioni emotive sulle finanze da adulti. Di conseguenza, è importante essere diligenti nel parlare ai vostri figli di denaro e insegnare comportamenti finanziari sani. È altrettanto importante prendersi il tempo per analizzare se stessi e capire i propri copioni di denaro e come questi influenzano il proprio comportamento finanziario.

L'aspetto negativo di Money Scripts

In generale, non tutti i copioni sul denaro sono cattivi. Alcuni comportamenti che acquisiamo sono emozioni benefiche riguardo alle finanze. Ma altri comportamenti, come l'evitamento del denaro, la concentrazione sullo stato finanziario o l'adorazione del denaro, possono essere dannosi. Emozioni e modelli di credenze malsane possono portare a tutti i tipi di problemi finanziari, come l'acquisto compulsivo, l'indipendenza finanziaria e il gioco d'azzardo patologico. Specifici copioni di denaro sono stati collegati a livelli ridotti di patrimonio netto, reddito più basso, e maggiori quantità di credito in evoluzione.

Questo può sembrare estremo, ma avete mai permesso al panico durante una flessione del mercato di distruggere il vostro piano d'investimento a lungo termine? Siete mai stati incapaci di decidere perché colpiti dalla preoccupazione e dall'ansia per il futuro? Avete mai distrutto il vostro budget per lo sballo momentaneo di ottenere qualcosa che volevate davvero? Tutti questi comportamenti hanno origine dal vostro copione di denaro.

È possibile cambiare i copioni di denaro

Di solito pensiamo che se fossimo ricchi, non avremmo alcun problema. Ma sperimentiamo problemi di denaro a causa del modo in cui ci avviciniamo al denaro, non perché non ne abbiamo abbastanza. Questa è una buona notizia. Potremmo non riuscire ad aumentare rapidamente il nostro reddito, ma possiamo imparare a controllare le nostre percezioni e i nostri atteggiamenti. I nostri copioni sul denaro possono essere radicati nell'infanzia, ma non sono permanenti. Con un'energia concertata, possono essere cambiati.

La prima cosa che dovete fare per sconfiggere i vostri copioni sul denaro è metterli in evidenza. Per raggiungere questo obiettivo, dovete essere consapevoli delle vostre risposte emotive a situazioni finanziarie comuni. Iniziate a fermarvi e a scoprire le vostre risposte emotive a queste esperienze comuni:

- Acquisto di cose

- Mercati volatili

- Mercati sani

- Guadagnare soldi

- Risparmiare per il futuro

- Prendere decisioni finanziarie

- Budgeting e monitoraggio delle spese

- Pensare al proprio futuro finanziario

- Interagire con un professionista della finanza

Come ti fanno sentire le seguenti cose? Tutto ciò che scatena forti emozioni richiede un'ulteriore riflessione. Ricordate che le emozioni negative non sono le uniche che possono distruggere la vostra vita finanziaria. Alcune emozioni positive, come la fiducia in se stessi e l'ottimismo, possono generare risultati negativi se non controllate.

Ricchezza emotiva

Hai mai sognato di diventare ricco?

Come immaginate sempre che sarebbe la vostra vita se diventaste multimilionari? Cosa faresti? Come passeresti la tua giornata? Con chi la passeresti?

Spesso pensiamo che la ricchezza sia solo la quantità di denaro in banca. Tuttavia, la ricchezza riguarda le maggiori opzioni che offre il fatto di avere molti soldi. Si tratta di essere emotivamente ricchi.

Più soldi possiedi, più opzioni sono disponibili per te. Più opzioni hai, più libertà comandi nella tua vita.

Ma sapevi che puoi essere emotivamente ricco? E non c'è bisogno di avere milioni in banca.

Vi starete chiedendo perché dovreste puntare alla ricchezza emotiva?

In parole povere, tutta la ricchezza è emotiva.

Controllo delle decisioni di denaro emotive

Il segreto per cambiare i vostri copioni di denaro e sviluppare sane abitudini di denaro è imparare a gestire le vostre emozioni. Potete comunque creare alcune nuove e sane abitudini che vi garantiscano finanziariamente e applicarle alla vostra vita. Discipline e abitudini come approfittare del risparmio automatico, programmare regolari riunioni di bilancio in famiglia e coinvolgere l'assistenza di qualcuno di affidabile per tenervi all'erta sono ottimi punti di partenza. Infine, scoprirete come rispondere agli inneschi emotivi, e potrete quindi prendere provvedimenti prima di prendere qualsiasi decisione.

Infine, devi essere pronto a perdonare te stesso quando fai degli errori. Lascia il passato nel passato e progredisci con la nuova conoscenza che hai acquisito. Scegliere di perdonare te stesso per gli errori del passato ti libera per essere più efficace con i tuoi nuovi strumenti. Quando inizierai a raccogliere vittorie, grandi e piccole, probabilmente ti sarà più facile estendere il perdono.

Capitolo 7: Crea le tue abitudini e convinzioni da milionario

I vostri comportamenti, sentimenti e pensieri determineranno quasi tutto ciò che siete o sarete. Quasi il 95% di tutto ciò che sentite, pensate e farete sarà deciso dalle vostre abitudini. Il segreto per avere successo e vivere una grande vita è acquisire le abitudini del successo che ti aiutano a realizzare tutto ciò che puoi.

Per fortuna, tutte le abitudini sono imparabili. Se avete cattive abitudini, o se non avete ancora sviluppato le abitudini per diventare quello che siete capaci di diventare, potete stabilire queste abitudini aderendo a un processo sistematico di pratica e ripetizione, nello stesso modo in cui imparate qualsiasi altro argomento.

È difficile imparare le buone abitudini, ma è facile conviverci. D'altra parte, è facile acquisire cattive abitudini, ma difficile liberarsene. In entrambi i casi, una volta che avete imparato un'abitudine, questa diventa automatica. Vi sarà più facile gestire pensieri, comportamenti e sentimenti che sono in linea con la persona che volete essere e gli obiettivi che volete raggiungere.

Da dove nascono le abitudini

Un'abitudine è una "risposta condizionata a uno stimolo", ma qual è la sua origine? Un'abitudine nasce a causa della vostra risposta specifica a un dato stimolo, spesso iniziando presto nella vita. È molto simile a guidare lungo la strada e ramificare in una direzione o nell'altra. Qualunque direzione scegliate, buona o cattiva, determina in gran parte la vostra destinazione finale.

Per fortuna, non si nasce con delle abitudini. Tutte le abitudini si acquisiscono dall'infanzia. Le abitudini richiedono diversi periodi per svilupparsi. Pertanto, se volete superarne o acquisirne qualcuna, ci vorrà del tempo. Tuttavia, c'è un sistema accreditato che potete usare per accelerare il processo di sviluppo di nuovi modelli di abitudini.

Gli psicologi comportamentali usano il termine "condizionamento operante" per riferirsi al modo in cui le persone imparano specifici comportamenti automatici. A volte, indicano il "modello SBC" dello sviluppo di nuovi modelli di abitudini. SBC sta per Stimolo-Comportamento-Conseguenze. Questo significa che qualcosa deve prima attivare un pensiero o un sentimento. In risposta, ci si comporta in un certo modo. Poi il risultato è che si sperimenta una certa conseguenza. Se si ripete questo processo più volte, si acquisisce una nuova abitudine.

Teoria delle aspettative

Secondo questa teoria, le persone sono ispirate a comportarsi in un determinato modo da ciò che si aspettano che accada più di qualsiasi altro fattore o influenza. In breve, si fanno le cose che piace fare a causa dell'effetto che si sente di sperimentare. La teoria dell'aspettativa descrive piccole cose come ciò che si fa e si dice in un incontro sociale e grandi cose come i movimenti di capitale nei mercati finanziari internazionali.

Sapevi che puoi creare le tue aspettative? È possibile sviluppare l'abitudine di aspettarsi che accadano cose buone, indipendentemente da come le cose possano apparire al momento. Le tue aspettative influenzano poi i tuci atteggiamenti e il modo in cui tratti le altre persone. Le vostre aspettative, gli atteggiamenti e i comportamenti avranno poi un'influenza interna sul modo in cui le cose vanno a finire. In effetti, puoi dettare una grande percentuale del tuo futuro aspettandoti che le cose avvengano positivamente.

Purtroppo, le aspettative negative si traducono anche in profezie che si autoavverano. Se vi aspettate che qualcosa diventi povero, questo danneggia il vostro comportamento e il vostro atteggiamento. Il vostro atteggiamento negativo aumenta poi le probabilità che sperimenterete il risultato negativo che avete previsto. Se lo ripetete sempre, acquisirete un atteggiamento negativo e pessimista. Questo metodo di pensiero diventerà un'abitudine.

Sviluppo di un nuovo modello di abitudine

Quanto tempo ci vuole per acquisire una nuova abitudine? Il periodo può essere di qualsiasi lunghezza, da un solo secondo a diversi anni. Il tasso di sviluppo di un nuovo modello di abitudine è in gran parte definito dalla forza dell'emozione che accompagna la decisione di iniziare ad agire in un determinato modo.

Molte persone desiderano perdere peso e diventare fisicamente in forma; tuttavia, non prendono l'iniziativa di iniziare. Non fino a quando il medico dice: "Se non riduci il tuo peso e non migliori il tuo stato fisico, potresti morire presto".

Il pensiero di morire può essere così spaventoso e serio che la persona cambia immediatamente la sua dieta, inizia a fare esercizio, smette di fumare e diventa una persona in forma. Gli psicologi descrivono questo come una "esperienza emotiva significativa". Qualsiasi esperienza di forte dolore, accompagnata da un comportamento, può innescare un modello di comportamento abituale che può persistere per il resto della vita di una persona.

Gli esperti dicono che ci vogliono circa 21 giorni per sviluppare un modello di abitudine di moderata complessità. Con questo, si riferiscono a semplici abitudini come fare esercizio ogni mattina prima di iniziare, andare a dormire a una certa ora, pianificare ogni giorno, iniziare ogni giorno con i compiti più critici, o finire i compiti prima di iniziare qualcos'altro. Queste sono abitudini di moderata complessità che possono essere sviluppate in 14-21 giorni attraverso la ripetizione e la pratica.

Ebbene, come si sviluppa una nuova abitudine? Nel corso del tempo, è stata generata una formula semplice, potente e provata per lo sviluppo di una nuova abitudine. È come una ricetta per cucinare un certo piatto in cucina. Potete applicarla per sviluppare qualsiasi abitudine che vi piace. Col passare del tempo, vi sarà più facile sviluppare le abitudini che volete includere nella vostra personalità.

Passi per acquisire una nuova abitudine

1. **Per prima cosa, decidi**. Prendete la decisione che volete iniziare a comportarvi in un certo modo il 100% delle volte, ogni volta che quel comportamento è richiesto. Per esempio, se scegliete di svegliarvi presto ogni mattina per fare esercizio, impostate il vostro orologio per un'ora specifica e quando la sveglia suona, alzatevi, indossate i vostri vestiti da ginnastica e iniziate la vostra sessione di esercizi.

2. **Non creare un'eccezione** nella tua nuova abitudine durante le fasi di sviluppo. Non creare scuse o razionalizzazioni.

3. **Avvisare gli altri.** È importante notificare agli altri che state iniziando a praticare un comportamento specifico. È sorprendente quanto più disciplinato e determinato diventerai quando ti renderai conto che

gli altri ti stanno guardando se hai la forza di volontà
di controllare la tua risoluzione.

4. **Visualizza te stesso.** Vedi te stesso agire in un certo
   modo in una particolare situazione. Più visualizzi e
   immagini te stesso comportandoti come se avessi già
   la nuova abitudine, più rapidamente la tua mente
   subconscia accetterà questo nuovo atto.

5. **Sviluppare un'affermazione.** Ripeti
   quotidianamente un'affermazione a te stesso. Questa
   ripetizione accelera drasticamente la velocità di
   apprendimento di una nuova abitudine.

6. **Risolvete di persistere** nella nuova abitudine fino a
   che non diventi automatica e facile da sentire a
   disagio quando non fate quello che avete scelto di fare.

7. **Premiate voi stessi.** Ogni volta che ti premi,
   riaffermi e rinforzi il comportamento. Presto inizierai
   a collegare, a livello inconscio, la bellezza della
   ricompensa con il comportamento.

Vacci piano con te stesso

Da dove si comincia nello sviluppo di nuovi modelli di abitudini? Quando le persone imparano per la prima volta il significato dello sviluppo di nuovi modelli di abitudini e il modo in cui i modelli positivi di pensiero e comportamento possono avere un grande effetto sulla loro vita, di solito fanno l'errore di scegliere di creare diverse nuove abitudini in una volta sola. Scelgono di migliorare contemporaneamente in ogni parte della loro vita. Creano con entusiasmo una lista di nuove abitudini che desiderano per il loro lavoro, la loro vita finanziaria, le loro relazioni, la loro salute, i loro affari e le loro capacità organizzative. Il risultato è che rapidamente incontrano un ostacolo e non c'è nessun miglioramento.

Ecco la regola per creare nuove abitudini: sii paziente con te stesso. Ci hai messo una vita intera per diventare la persona che sei. Non puoi cambiare tutto da un giorno all'altro. Pertanto, devi selezionare un'abitudine che ritieni possa esserti più utile in questo momento di qualsiasi altra abitudine. Scrivila e sviluppa un'affermazione positiva di te che ti comporti esattamente come se avessi già quella nuova abitudine.

Iniziate quindi immediatamente e non create spazio per un'eccezione. Parla a te stesso in modo positivo e ribadisci a te stesso che hai già questa abitudine. Immaginatevi di agire come se aveste già padroneggiato questo comportamento. Dillo agli altri. Premiati ogni volta che ti impegni nel nuovo comportamento. Ma cerca di cambiare solo un'abitudine alla volta.

Pensare in un modo dato

Dovete formarvi un'immagine mentale chiara ed esatta di ciò che volete; non potete trasformare un'idea se non l'avete voi stessi.

Bisogna possederlo prima di poterlo dare, e molte persone non riescono a fare colpo perché hanno un concetto generale delle cose che vogliono raggiungere, avere o diventare.

Non è sufficiente avere un desiderio generale di ricchezza; tutti hanno lo stesso desiderio.

Non basta che tu abbia bisogno di viaggiare, di vivere di più, di vedere cose, ecc. Tutti hanno gli stessi desideri. Se state per inviare un messaggio elettronico ad un amico, non invierete le lettere dell'alfabeto nel loro ordine, e gli lascerete compilare il messaggio da solo. Invierete invece una frase completa, che implica qualcosa. Quando cercate di imprimere i vostri desideri, tenete a mente che una frase completa deve realizzarli. Devi sapere cosa vuoi ed essere definito. Non potrai mai essere ricco inviando desideri vaghi e informi.

Esamina i tuoi desideri, determina ciò che vuoi e sviluppa un'immagine mentale chiara di come vuoi apparire quando lo ottieni.

Quell'immagine mentale chiara dovete averla spesso in mente, dovete mantenere il vostro viso vicino ad essa tutto il tempo. Non dovete perderla di vista.

Non è necessario fare esercizi di concentrazione, né dedicare momenti speciali alla preghiera e all'affermazione. Tutto ciò di cui hai bisogno è capire ciò che vuoi e volerlo fortemente in modo che rimanga nei tuoi pensieri.

Passa tutto il tempo libero che puoi a pensare alla tua immagine, ma nessuno ha bisogno di fare esercizio per concentrare la sua mente su una cosa che vuole veramente. Sono le cose che non vi interessano veramente che meritano uno sforzo per fissare la vostra attenzione su di esse.

No, a meno che tu non voglia diventare ricco in modo che il desiderio sia abbastanza intenso da tenere i tuoi pensieri diretti allo scopo.

Più chiara e definita è la tua immagine, e più ti concentri su di essa, più forte sarà il tuo desiderio; e più forte è il tuo desiderio, più facile sarà mantenere la tua mente fissa sull'immagine di ciò che vuoi.

Tuttavia, c'è bisogno di qualcosa di più del semplice guardare l'immagine. Se questo è tutto ciò che fai, sei solo un sognatore e non avrai alcun potere di realizzazione.

Essere e diventare

Sappi che sei speciale in tutto il mondo. Non c'è mai stato, né ci sarà mai nessuno come te. E ciò che ti distingue è la tua mente unica. Tu puoi decidere, pensare e agire.

Il risultato finale del vostro pensiero e delle vostre esperienze nel passato si tiene nelle vostre azioni di oggi. Nei vostri metodi abituali di reagire e rispondere alle altre persone, solo le vostre azioni che mostrano chi siete e cosa siete diventati.

La cosa migliore è che non sei solo un essere umano. Siete sempre in un continuo stato di crescita e cambiamento, eliminando vecchie abitudini e idee e stabilendone di nuove. Non importa da dove vieni, ciò che conta è dove stai andando. E dove stai andando è determinato solo dalla tua immaginazione.

Impianti permanenti della tua mente

Le vecchie abitudini non muoiono. Non scompaiono. Quando smettete di praticarle e vi disciplinate ad agire in un modo nuovo, diventano deboli e entrano nella vostra mente subconscia. Le vostre nuove abitudini possono sostituire quelle vecchie, ma non le dimenticate mai completamente. Si nascondono sotto la superficie, in attesa di riemergere in un secondo momento, quando si ripete lo stimolo che le costruisce inizialmente.

Credenze del milionario self-made sul denaro

I milionari che si sono fatti da soli hanno tutti una cosa in comune: sanno che diventare ricchi inizia da ciò che si crede sul denaro. Il modo in cui guardano il denaro varia da quello di tutti gli altri.

La maggior parte delle persone pensa che i ricchi abbiano un vantaggio sleale. Ma il fatto è che chiunque può acquisire ricchezza. Ma uno dei fattori più grandi è il tuo pensiero sul denaro.

Molte persone credono che l'unico mezzo per fare molti soldi sia lavorare più ore. Tuttavia, i milionari non pensano al denaro in questi termini. Si concentrano sulla ricerca di ciò che fornisce i più alti rendimenti invece di pensare di scambiare il loro tempo per denaro. Ma, molti di noi sono cresciuti con le convinzioni sul denaro che potremmo non sapere che i nostri genitori ne sono la causa.

In effetti, alcune di queste credenze vengono trasmesse attraverso molte generazioni. Una delle credenze più popolari è che è egoista volere molti soldi. Un'altra è che il denaro è una risorsa rara ed è difficile da guadagnare. Liberarsi di queste credenze sul denaro è importante. Invece, è necessario pensare ad esso in termini di libertà, abbondanza e possibilità.

Il fatto è che non hai bisogno di lanciare una startup tecnologica per diventare milionario. Ciò di cui hai bisogno invece è la mentalità corretta e alcune abitudini di buon senso finanziario. Se vuoi essere ricco, potresti dover cominciare a cambiare il tuo modo di vedere il denaro. Di seguito ci sono alcune lezioni da coloro che sono già ricchi.

1. Scopo di essere ricchi

Molte persone desiderano essere multi-milionari, ma non si impegnano su ciò che serve per essere un milionario. Steve Siebold è un milionario che si è fatto da solo e che ha trascorso circa tre decenni intervistando altri milionari in tutto il mondo. In seguito, ha scritto un libro, How Rich People Think. Secondo Steve, i ricchi sono impegnati ad agire, mentre gli altri aspettano di vincere la lotteria o cercano la prosperità. Pensano che i ricchi siano disonesti o fortunati.

Molti milionari ti diranno che devi essere pronto a fare sacrifici e ritardare la gratificazione. Inoltre, devi avere grandi aspettative se vuoi essere come loro. Devi essere pronto a prendere dei rischi calcolati che ti ripagheranno a lungo termine. Non puoi sederti nella tua zona di comfort e aspettarti che qualche forza esterna venga ad aiutarti.

Rilassarsi senza fare niente manderà un messaggio alla tua mente inconscia che non sei serio riguardo al diventare ricco. Dirotterà la vostra attenzione e vi impedirà di cercare nuove idee. Dopo tutto, fare sul serio e adottare un approccio logico passo dopo passo è necessario per cambiare la vostra relazione con il denaro.

2. Comincia a essere pagato quanto vali

Grant Sabatier dice che non c'è niente di più critico per il tuo futuro che essere pagato quanto vali. È passato dal guadagnare pochi dollari nel suo conto in banca a un milione in un arco di cinque anni. Sabatier crede che molte persone non ricevono quello che valgono. Raccomanda di fare un'analisi di ciò che guadagnano le altre persone nel tuo settore con lo stesso livello di competenza e anni di esperienza. Inoltra queste informazioni al tuo capo quando richiedi un aumento ed evidenzia ciò che stai portando all'azienda.

Se lavori come freelance, aumenta le tue tariffe per aumentare le tue entrate. Man mano che migliori in quello che fai, offri più valore e le tue tariffe dovrebbero aumentare. Ma aumentare le tue tariffe è più facile a dirsi che a farsi. Un sacco di pensieri corrono nella tua testa, e immagini cosa accadrebbe se i tuoi clienti portassero i loro affari altrove. Nella maggior parte dei casi, le tue paure ti limitano dal guadagnare ciò che meriti veramente.

Negoziare per iniziare a essere pagati quanto si vale può essere difficile. Ci saranno sempre persone pronte a lavorare per meno di te per lo stesso compito. La risposta è quella di ignorarli e concentrarsi su ciò che consegni e che fa sì che la somma che chiedi ne valga la pena. Sii fermo sulle tue tariffe una volta che hai deciso quali dovrebbero essere. Il fatto è che alcuni clienti possono permetterselo e altri no.

È anche importante avere un'idea di quanto si spende. Se puoi determinare il tuo netto ogni mese, puoi vedere se il tuo patrimonio finanziario rimane lo stesso, migliora o peggiora. E una volta che hai tutti i dati, puoi fare dei cambiamenti per aumentare il tuo reddito.

3. Imparare a risparmiare

Nonostante i loro impegni di bilancio, alcune persone non riescono ancora a mettere una parola sulle loro spese. Quando si esaminano gli stili di vita dei ricchi e famosi, probabilmente ci si immagina Lamborghini e yacht. Ma il fatto è che molti sono ricchi perché sanno come spendere e risparmiare.

Ricordate, non si tratta tanto dei soldi che guadagnate quanto di quelli che risparmiate. Non è necessario guadagnare molto per iniziare a risparmiare o investire. Chiunque può trovare un modo per mettere da parte una parte del proprio reddito. Ma il segreto è iniziare a risparmiare il più presto possibile per raccogliere i profitti dell'interesse composto.

Dovete fare un cambiamento mentale e trovare la felicità nel risparmiare denaro. Dovreste godervi il risparmio e trarne la stessa soddisfazione della spesa. Se sviluppate questa mentalità, non vi preoccuperete più di spendere.

Pensa al bilancio come a un gioco e imposta una nuova sfida ogni settimana. Molti milionari spesso considerano il guadagno e il risparmio un gioco. Ed è un gioco che vogliono vincere, quindi ci mettono tutta la loro attenzione. Raggiungono una grande soddisfazione quando vedono quell'ago muoversi verso l'alto. Quindi, ricordate, si tratta solo di liberarsi di quella percezione negativa del denaro.

5 modi per sviluppare una mentalità milionaria

1. Essere iper-reattivi

Se leggi i resoconti su come agiscono i milionari, vedrai un tema ricorrente. Sono persone proattive, altamente reattive che si comportano sempre in modo dinamico. Per esempio, se incontrano un problema e scoprono che è difficile trovare una soluzione nel mercato attuale, vanno avanti e iniziano un'attività che affronta proprio questo problema.

Allo stesso modo, quando dirigono un'azienda. Guardano le tendenze intorno a loro e si comportano di conseguenza.

Cambiano le strategie di marketing, spendono di più nei metodi di commercializzazione del loro lavoro, e cercano aggressivamente la crescita sia a livello professionale che personale.

Al contrario, la persona media senza una mentalità da milionario sarà invece reattiva. Faranno cambiamenti solo per reagire alle cose che accadono intorno a loro. Quindi, aspetteranno sempre fino al punto di crisi prima di essere pronti a fare qualcosa di diverso.

La lezione qui è che dovete essere proattivi. Questo non solo vi permetterà di attrarre l'abbondanza, ma può anche aumentare la vostra vibrazione in un modo che attrae tutti i tipi di buone nuove cose nella vostra vita.

2. Sintonizzati sui tuoi maggiori punti di forza

Sareste perdonati se pensaste che la mentalità del milionario possa richiedere il superamento di tutte le vostre debolezze, o addirittura diventare bravi nella maggior parte delle cose. Ma è bene trovare le cose in cui sei veramente eccellente. Lucidate queste abilità e usatele per guidarvi al successo.

Invece di essere distratto dai tentativi di migliorare in molti punti contemporaneamente, gioca intenzionalmente sui tuoi punti di forza. Scoprirai finalmente il tuo percorso verso il massimo livello di successo che sei in grado di raggiungere. E se non sei sicuro di quali siano esattamente i tuoi punti di forza, pensa alle cose che ti fanno sentire ispirato ed entusiasta, e alle cose che attirano più lodi dagli altri.

3. Diventa un esperto nel tuo campo

Non importa quale settore hai scelto nella tua ricerca per diventare milionario, devi avere una conoscenza approfondita e una comprensione di tutte le sue caratteristiche.

Per esempio, dovete capire che la storia del settore, il suo percorso attuale, i suoi ostacoli più critici, e così via. È diventare un esperto che vi fornirà il vantaggio che meritate per avere successo dove i vostri concorrenti falliscono. Farlo richiede duro lavoro, determinazione e concentrazione. In generale, è ciò che può aprire la strada per acquisire l'abbondanza di un milionario.

4. Impara ad amare te stesso aumentando la tua autostima

Potresti essere sorpreso di scoprire che l'auto-concezione è importante quando stai cercando di diventare milionario, ma gioca davvero un ruolo importante. Se dipendete dall'idea che diventerete sicuri e felici di chi siete una volta diventati ricchi, vi renderete conto che non raggiungerete mai il livello di abbondanza che volete raggiungere.

Per raggiungere il successo finanziario, in primo luogo, è necessario attraversare le barriere di una sana autostima e creare un livello di auto-amore che vi offre la convinzione di cui avete bisogno per essere abbondanti.

Qui ci sono diverse cose che puoi fare per creare un rapporto migliore con te stesso.

- Prenditi cura del tuo corpo

- Mantenete dei forti limiti riguardo a come gli altri vi trattano.

- Impara a perdonare te stesso per gli errori del passato.

- Concentratevi attivamente sui vostri doni speciali al mondo.

5. Riscrivere le tue convinzioni riguardo al denaro e alla ricchezza

Infine, molti di noi hanno presupposti negativi e dannosi sul denaro. Queste possono influenzare il lavoro della Legge di Attrazione ad un livello significativo.

Quindi, per creare quella mentalità milionaria che stai cercando, prova a fare un inventario di queste convinzioni limitanti sfidando te stesso a scrivere tutte quelle che riesci a immaginare:

Alcuni sono abbastanza comuni, come:

- "I ricchi sono immorali".

- "È semplicemente impossibile avere successo nell'economia di oggi".

- "Quelli come me non diventano milionari".

Poi, per ciascuna delle convinzioni di cui sopra, scrivi una nuova frase che rifletta più accuratamente ciò che credi sia giusto. Per esempio:

- "Chiunque può essere cattivo o buono; non importa quanti soldi ha".

- "So di avere il potere di avere successo".

- "Posso essere tutto ciò che voglio essere".

Pensate a convertire queste affermazioni positive in affermazioni che dite ogni giorno. Alla fine, riscriverai le tue convinzioni, e queste smetteranno di trattenerti.

Capitolo 8: Il potere del pensiero positivo e la felicità

Sarete d'accordo con me quando dico che il potere del pensiero positivo è incredibile.

Il fatto che la tua mente possa cambiare il tuo mondo sembra quasi troppo bello per essere vero, ma ti posso assicurare che concentrarsi sul positivo può generare buoni risultati.

Riesci a indovinare a cosa pensano i milionari e le persone felici tutto il giorno?

La risposta è semplice.

Le persone ricche e felici passano il tempo a pensare a ciò che vogliono e a come ottenerlo per la maggior parte del tempo. Di conseguenza, creare un atteggiamento positivo può davvero cambiare tutta la tua vita.

Quando pensi e parli di ciò che vuoi e di come ottenerlo, ti senti più felice e in maggior controllo della tua vita. Quando consideri qualcosa che ti rende felice, il tuo cervello rilascia veramente endorfine, che ti danno una sensazione generalizzata di benessere.

Per questo, stabilite un atteggiamento positivo.

Mentre il tuo reddito cresce, non puoi dimenticare la tua felicità. Se non la proteggi coscientemente, può svanire. Ricorda che la felicità porta al successo, non il contrario. Molte persone nel mondo spesso pensano che quando hanno tonnellate di soldi, sono l'amministratore delegato di una società redditizia e hanno molta fama e fortuna. Saranno felici. Tuttavia, questo non è vero.

La cosa più comune che impedisce alle persone di vivere una vita veramente soddisfacente è l'assunzione che quando trovano il successo, la felicità seguirà. Prendete la vostra vita, per esempio. Hai mai pensato che se avessi ottenuto un determinato lavoro o avviato la tua attività, allora la felicità sarebbe emersa da esso? Hai mai pensato che se avessi guadagnato un'enorme somma di denaro, o una volta che avessi ottenuto un ampio o un marito che ti ama, o una volta che avessi perso peso, o una volta che avessi comprato una bella macchina, allora saresti stato felice? Tuttavia, molte persone che pensano in questo modo alla fine arrivano a scoprire che si sbagliano. Sarebbe un grande errore non conoscere questo segreto. E sì, puoi diventare milionario con le giuste abitudini, ma perché dovresti negarti la felicità? Diventare milionario senza appagamento è inutile. Lascia che ti aiuti a realizzare tutto questo.

E se la felicità fosse il prerequisito di tutto il resto? E se fosse la risposta alla prosperità, al successo, all'amore, alla passione, alla ricchezza e alla perdita di peso? E se molti di noi non conoscessero la strada per essere felici, ma credessero invece di saperlo una volta arrivati da qualche parte? Rifletti su ciò che dici a te stesso: "Tutto quello che voglio è far funzionare la mia attività e sarò felice". Oppure: "Non appena avrò acquistato quella macchina, sarò soddisfatto".

Vedete, molti di noi permettono al nostro desiderio di cose esterne di controllarci. Pensiamo che una volta acquisita quella nuova macchina o quel nuovo lavoro, allora saremo felici. Ma sapete una cosa? L'eccitazione delle proprietà esterne svanisce. Avete mai pensato, una volta che ricevo un aumento di stipendio, è allora che inizia il divertimento? Per fortuna, succede, e tu spendi saggiamente, compri delle cose nuove, rinnovi il tuo appartamento, e pensi, sto guadagnando un sacco di soldi, quindi ora sono felice! Ma qualche mese dopo, il reddito extra e ciò che hai comprato non ti soddisfa più.

Per quanto questo libro vi insegni come far crescere la vostra ricchezza e raggiungere il successo usando le giuste abitudini, nessuna quantità di denaro vi renderà felici se non trovate la soddisfazione interna. Ma lega questo con più soldi, ed è il momento per il vero appagamento e il livello successivo.

Il fatto è che il mondo esterno può darti solo una felicità temporanea. Tutti vogliamo quel peso ideale, il prossimo livello di reddito, un grande stile di vita, l'intimità, la salute perfetta e più soldi. Ma tutto questo svanisce se non si impara a essere felici all'interno. Ed ecco un fatto pazzesco che dovete sapere. Se trovi la felicità all'interno, allora improvvisamente, tutte quelle altre cose che vogliamo sono più raggiungibili. Quando si impara a creare la felicità internamente, quelle cose diventano un risultato della felicità che si sta creando, che è l'opposto di quello che molte persone pensano. Molte persone credono che i soldi, gli anelli di diamanti, le macchine veloci e il successo vengano prima, e poi la felicità si rivelerà. Questo è falso, e la ragione per cui così tante persone vanno in giro sentendosi stressate e depresse.

Dai un'occhiata a specifiche abitudini e processi di pensiero che sono la via più veloce per la felicità. Queste sono solo ricette, istruzioni e ingredienti che ti portano al successo più velocemente.

1. Determinare cos'è e cosa si prova per te la felicità

Se qualcuno ti facesse questa domanda: "cosa ti rende felice?", cosa risponderesti? Sapete esattamente cosa rispondereste? Questa è una domanda difficile per tutti. È difficile perché tante volte le persone confrontano la loro definizione di felicità con quella degli altri. Solo perché la definizione di felicità di qualcun altro è una villa, o una macchina costosa, non significa che debba essere la stessa per te! Di sicuro, se mi avessi fatto la stessa domanda 10 anni fa, probabilmente avrei fatto fatica a dare una risposta. Allora non sapevo esattamente cosa significasse la felicità per me. Sarebbe stato facile dire: "Stare con una bella donna", e questa sarebbe stata la risposta predefinita e non veramente ponderata. Ma devi chiarire cosa ti rende veramente felice.

Prendetevi del tempo e riflettete o anche iniziate a scrivere delle idee su ciò che fa sorridere il vostro cuore, che vi fa brillare gli occhi e che vi fa vivere con gioia. Cosa ti rende felice? Non deviare su alcune risposte che sono diventate la tua risposta di default. Rifletti sul periodo della tua vita in cui eri un bambino. Quando la tua vita era in pace? Cosa ti eccitava? Cosa portava un sorriso sul tuo viso? È andare a un evento sportivo o andare a respirare aria fresca? È passare del tempo nei boschi con i tuoi figli a fare giochi divertenti?

Soprattutto, cosa c'è sulla vostra lista oggi? So che se dovessi creare questa lista 5 o 10 anni fa, le tue risposte sarebbero certamente diverse. Alcune sarebbero imbarazzanti, e altre sarebbero materialistiche. Quindi assicurati di riflettere sulla tua felicità attuale.

Inoltre, assicurati di non confondere la felicità con gli obiettivi. So che hai ancora obiettivi finanziari, obiettivi di realizzazione e obiettivi materialistici. Ma dovresti conoscere la differenza tra gli obiettivi e ciò che ti rende veramente felice.

La ricerca della felicità inizia pensando e definendo la frase come si applica alla tua vita attuale. Quindi cerca di scrivere le cose senza pensarci troppo. Non limitare la tua lista alle cose che fai, ma includi i pensieri che ti rendono felice, le benedizioni di cui puoi essere grato e gli eventi che ti portano gioia. Scrivi e scrivi ancora. Poi guarda la tua lista e cerchia 3-5 elementi che ti fanno sentire forte, e quelli sono i tuoi migliori.

2. Smettere di pensare troppo

Si dice che "la paralisi è causata dall'eccesso di analisi". Ciò che ci impedisce di vivere la vita che vogliamo è il sovrappensiero. Dovreste averlo sperimentato spesso, specialmente quando si va al livello successivo nella ricchezza e negli affari. Quello che succede alla fine è che analizziamo troppo, pensiamo troppo e ci troviamo bloccati.

Non importa il tuo obiettivo, puoi pensarci troppo fino alla morte. Se c'è un percorso verso il successo, tutto quello che dovete fare è seguire il percorso.   Non pensate troppo alle cose, perché pensando troppo non farete mai nulla.

È bene ottenere le conoscenze necessarie per stabilire la fiducia, ma poi non abbattersi in domande infinite, analisi circolari e ripensamenti. Se il tuo cuore ti dice di agire, se il tuo subconscio vuole che tu lo faccia, smetti di pensare troppo e passa all'azione.

3. Lascia che il presente sia tuo amico

Per presente intendo ora, questo preciso momento che state vivendo. Dovete essere amici. Molte persone attraversano la vita guardando alla prossima settimana, al prossimo anno, invece di fare amicizia in questo momento. Ci diciamo: "Quando avrò questa promozione, quando inizierò la mia azienda, quando perderò peso, allora e solo allora sarò felice! Questo tipo di pensiero è solo una scusa per inseguire la felicità in un futuro sconosciuto. E quando si fa così. Quel momento non arriverà mai. Ecco perché dovete vivere nel presente. Perché non scegliere di essere felici ora?

Quando usi troppo spesso la parola "quando/allora" - come in, "Quando ricevo una promozione, allora posso finalmente sentirmi felice della mia vita" _ tutto quello che stai facendo è spingere la tua felicità a domani perché stai vivendo mentalmente in un tempo diverso da quello attuale. Siamo onesti. Quanti di noi aspettano di essere felici fino a quando non succede quella cosa? E se tu rimuovessi questa mentalità e facessi di oggi il tuo amico? E se oggi fosse un giorno straordinario? E se tu smettessi di vivere nel passato o nel futuro e scegliessi invece di essere felice proprio in questo secondo? E se iniziassi a fare più cose che ti rendono felice e ti concentrassi su più cose che generano gioia oggi? Proprio in questo momento. Puoi scegliere di farlo; è una tua decisione.

Quante volte vi siete scontrati con un ostacolo pensando a cosa sarebbe potuto andare storto in futuro? Quante volte hai pensato: "Se faccio questo, allora questo potrebbe accadere il mese successivo o l'anno prossimo?". E poi cosa succede? Si passa su questo pendio di pensiero negativo, e si va a palla di neve giù per la collina del pensiero di ciò che potrebbe andare male un giorno. Ti stai esercitando sul futuro e stai prevedendo un futuro negativo. Il fatto è che non sai dove va il futuro e come andranno a finire le cose. Naturalmente, vivere troppo nel futuro con i pensieri sbagliati uccide la tua felicità oggi.

Scegliete il presente ora. Riconoscete che ogni giorno è lì per una ragione e che ogni momento dovrebbe essere affrontato con una mentalità presente. Per quanto semplice possa sembrare questo consiglio, considera le conseguenze: Supponiamo che apprezziate di essere vivi e sani e tutti i momenti che avete in questo momento?

Quando riesci a lasciare che il passato si consumi, puoi smettere di concentrarti su un futuro fittizio e imparare a vivere nel presente. Quando vivrete nel presente, scoprirete finalmente la pace interiore e la felicità.

4. Concentrarsi su un risultato positivo

Questa è una tecnica potente per attirare la felicità nella tua vita e raggiungere presto ciò che vuoi. La tua energia prenderà qualsiasi direzione in cui tu la punti; sarai tu a decidere se spenderla in negativo o in positivo.

Sappiate che il mondo ci ha programmato a pensare in un certo modo riguardo alle situazioni che incontriamo. Quando succede qualcosa, la nostra mente vuole passare a: "Oh no, questo non va bene! E se succedesse questo, o e se, e se". La risposta è monitorare i vostri pensieri. Quando i pensieri "e se" cercano di entrare nella vostra mente, dite: "No, no, no. Non lascerò che la mia mente arrivi lì". Ricorda che la decisione spetta a te, o ti concentri su ciò che potrebbe andare male, o ti concentri su ciò che potrebbe andare bene. Perché non investire il tuo sforzo in ciò che può andare bene?

5. Lasciar andare certi risultati

Questo non è facile, ma molto efficace. Nella maggior parte dei casi, prevediamo quali dovrebbero essere i diversi risultati, e ci attacchiamo alle nostre previsioni. "Se uso questi soldi per completare questo affare, e collaboro con questa persona, dovremmo generare x quantità di denaro, ed ecco come sarà". Se non va così, la felicità scompare. Ti dici: "Non è quello che mi aspettavo! Questa non è la mia previsione. Non è giusto".

Spesso, quando un imprenditore inizia un business, l'idea originale non funziona. Allora l'imprenditore cambia idea e scopre il successo in una direzione diversa. Per esempio, è così che è iniziato Twitter. L'idea originale di Twitter era di essere un'azienda di podcast. Il successo di Twitter non sarebbe successo se gli imprenditori avessero rinunciato perché la loro idea iniziale non ha funzionato.

Una volta che lasciate andare un certo risultato, la pesantezza dell'aspettativa diminuisce. Diventerai immediatamente una persona migliore e la tua felicità aumenterà.

Mentalità milionaria positiva

Per diventare finanziariamente indipendenti, dovete creare una mentalità milionaria.

Le persone ricche padroneggiano l'abitudine di diventare ricche gradualmente piuttosto che all'improvviso. Per ottenere questo, credono in due regole. La prima regola è che non devono perdere soldi. L'altra regola è che se ci si sente tentati, allora si dovrebbe rivedere la prima regola.

La maggior parte delle persone ricche usano la maggior parte del loro tempo per riflettere rispetto alla persona media. L'abitudine stessa di pensare alle loro finanze migliora ampiamente la loro capacità decisionale. Le persone ricche che passano il loro tempo ad organizzare le loro finanze forse prendono decisioni migliori, e raggiungono l'indipendenza finanziaria.

I milionari hanno altre abitudini finanziarie per assicurarsi di non perdere denaro, e il loro denaro cresce gradualmente nel tempo. Quando si sviluppa la mentalità milionaria, la migliore abitudine finanziaria che si può padroneggiare è l'abitudine di

ottenere il giusto consiglio prima di svolgere qualsiasi attività.
Infatti, cercare un consulente finanziario che abbia raggiunto
l'indipendenza finanziaria è l'azione migliore. La tua capacità di
scegliere i giusti consulenti finanziari può essere un aspetto
critico nel prendere le giuste decisioni di investimento.

Prendi l'abitudine di analizzare qualsiasi cosa prima di iniziare a
investire. La regola generale è che devi passare molto tempo ad
analizzare l'investimento.

Le decisioni finanziarie veloci non sono le migliori. Ma se si
mette da parte del tempo per riflettere e analizzare ogni
dettaglio del business, si eviterà qualsiasi problema che
potrebbe sorgere.

Non lasciate che nessuno vi costringa a prendere una decisione
di investimento. Non lasciate che nessuno vi convinca che una
decisione di investimento finanziario è urgente e deve essere
presa immediatamente.

A volte, gli investimenti di successo sono quelli che non prendi
mai una decisione. Che sia un'abitudine capire un investimento
prima di decidere di abbandonarlo.

I ricchi coprono i loro beni

Mentre iniziate a diventare ricchi, non dimenticate di proteggere la vostra ricchezza da cause legali inutili. Prendete un avvocato che vi aiuti a proteggere i vostri guadagni e i vostri affari.

Mai affidarsi alla fortuna

Un fattore importante per avere successo finanziariamente è assicurare la propria proprietà contro qualsiasi rischio. È interessante il modo in cui alcune persone perdono la ricchezza che hanno lottato per ottenere. Per evitare tali problemi, assicurate la vostra ricchezza.

A molte persone non piace spendere i loro soldi in assicurazioni, ma è una delle cose migliori che puoi fare nella tua ricerca della libertà finanziaria.

Capitolo 9: Trucchi per il successo

Sei giovane, appassionato, sicuro di te e vuoi diventare milionario? Grande!

O forse vuoi fare un passo avanti e lanciare quel business che hai sognato, ma hai paura dei rischi finanziari e non sei sicuro di voler rilasciare i vantaggi di uno stipendio e dei benefici.

La domanda più grande che potresti farti è: a cosa sei pronto a rinunciare per stabilire la vita e gli affari che vuoi veramente?

Nel mondo moderno della potente tecnologia, il tema del successo sembra sempre complicato e schiacciante. La maggior parte delle persone tende ad essere presa in una corsa per determinare la formula "corretta" all'interno di infinite possibilità.

È possibile essere intrappolati su quale strumento, quale metodo o quale percorso seguire per arrivare alla nostra destinazione nel modo più rapido ed efficace.

Ad ogni turno, ci vengono dati articoli, corsi, tutorial e video che promettono di fornirci le risposte che stiamo cercando.

Questo capitolo esaminerà i trucchi per il successo che puoi adattare alla tua vita in un momento. Naturalmente, ci sono molte abitudini o "trucchi" che possono aiutarvi nel vostro viaggio verso il successo. Questi sono alcuni dei migliori, e puoi applicarli nella tua vita facilmente, e con un effetto più profondo di quanto tu possa pensare.

1. Sii onesto con te stesso

Assicurati di essere felice della persona che vedi allo specchio, della persona che "sei" ogni giorno. Sei l'amico che vuoi essere, il partner che vuoi essere, o il genitore che vuoi essere? Quando sei d'accordo su chi vuoi essere, sei fedele a te stesso.

2. Pratica la gratitudine

I telefoni cellulari possono fare praticamente tutto. Impostate un allarme giornaliero che vi notifichi di rimanere grati. Questo è un trucco forte e potente. Nelle giornate impegnative che viviamo, è possibile dimenticare di praticare la gratitudine.

Inoltre, possiamo essere infastiditi, frustrati, sopraffatti, o persino diventare pessimisti o incapaci di sorridere. Imposta la tua sveglia mobile in modo che suoni in diversi momenti della giornata, accompagnata da una piccola descrizione quando la sveglia suona. Questi promemoria dovrebbero farvi prendere una pausa di 30 secondi da qualsiasi cosa stia accadendo e riconoscere tutto in questo mondo.

Pratica l'abitudine di apprezzare tutto. Vedere le benedizioni e la bellezza di ogni momento. Ringrazia Dio per averti tenuto in vita.

3. Risparmiare denaro

Dovete prendere l'abitudine di risparmiare denaro. Non importa quanto guadagnate alla settimana, risparmiatene un po'. Ci sono alcune persone nel mondo, e forse ne conoscete alcune, che spendono tanto denaro quanto ne guadagnano. Se guadagnano 10 dollari, ne spenderanno 12.

Ma avete già sentito questo trucco prima. Consulenti finanziari, genitori e coniugi possono aver sottolineato di iniziare a risparmiare. Questo trucco di successo non riguarda tanto i soldi quanto la fiducia.

Quando hai dei soldi da parte, aumenta la tua fiducia. Saprete nella vostra mente che potete affrontare qualsiasi emergenza che si presenti. Se avete un brutto mese, vi rompete una mano o tre settimane negative, potete gestirle. Sviluppate una pace mentale sapendo che voi e la vostra famiglia starete bene finché non vi sarete rimessi in piedi.

In alternativa, se non hai soldi nel tuo conto di risparmio, avrai sempre paura del tuo futuro, anche se solo inconsciamente. E questa è la peggiore sensazione che si possa provare. Tutto ciò che fa è uccidere la vostra fiducia e rubare la vostra tranquillità. Comincerete a dire: "Se ho un altro brutto mese, non sarò in grado di pagare l'affitto. Non ho niente da parte per la mia pensione, e non ho niente nei risparmi. Non ho niente su cui ripiegare!". Pertanto, il mio consiglio è che non importa quale sia il tuo reddito, crea l'abitudine di risparmiare qualcosa ogni settimana della tua vita, anche nelle settimane negative. Non si tratta del denaro che stai risparmiando, quanto della sensazione di fiducia che ti permette di prendere decisioni migliori in futuro.

4. Pensa a una soluzione, non a un problema

Molte volte quando succede qualcosa di sbagliato, la gente si ossessiona sul perché è successo, di chi è stata la colpa e così via. Ma, dovreste imparare da questo, insegnare al vostro cervello a concentrarsi sulla soluzione. Prendi l'abitudine che quando qualcosa va male, pensi immediatamente a come puoi risolvere il problema. Quali azioni puoi fare in questo momento per ridurre il danno? Crea l'abitudine di mettere tutta la tua energia nella soluzione, non sul perché è successo o su chi è da biasimare.

5. Recuperare velocemente

La maggior parte delle persone ricche sono milionarie perché hanno imparato come riprendersi dai problemi velocemente. Perché non essere uno di loro che si riprende dal fallimento o supera le sfide più velocemente di chiunque altro? Autoprogramma questo hack di rimbalzo dalle sfide, e ti aiuterà. Chiediti quanto tempo passi su un problema prima di risolverlo? Per quanto tempo ripensi alla situazione nella tua mente? Impara da essa, ma seleziona i pezzi e vai avanti con quell'esperienza in mano. Le persone che falliscono più velocemente sono quelle che trovano rapidamente la soluzione.

6. Identificare il bene nel male

Se riesci a sviluppare l'abitudine di trovare qualcosa di positivo quando le cose vanno male, la tua vita cambierà. Tanti individui hanno cose che vanno male nella loro vita, e vi ristagnano per anni. Tutto ciò che accade nella nostra vita accade per noi, e c'è qualcosa di buono in tutto questo. Se riuscite a sviluppare l'abitudine di trovare quel bene già adesso, allora cambierete la vostra vita.

7. Visita il tuo posto felice

A volte ci troviamo in sfide che ci richiedono di avere degli hack per liberarci dai nostri stati d'animo negativi e mettere a posto la nostra mente e la nostra anima. Quando sperimentate problemi difficili, potete provare a ricordare quel posto che vi offriva la più grande felicità. Trovate quel luogo felice e rendetelo una routine, quando state vivendo un momento difficile, iniziate ad immaginare questo luogo. Una volta che la vostra mente si ricorda, potete iniziare a pensare di nuovo in modo diretto.

8. Continua a investire in te stesso

L'apprendimento è un processo senza fine. Si smette di imparare solo quando si muore. Nella vita, o stai salendo la scala del successo o stai scivolando. Se vuoi fare molti soldi e diventare più ricco, allora non smettere mai di investire in te stesso. Acquisire più conoscenza cambierà le tue esperienze di vita in saggezza, e la saggezza ti offrirà la guida e l'intuizione per raggiungere il tuo prossimo livello. Per raggiungere il livello di successo che desideri, assicurati di continuare a imparare da qualcuno che ha realizzato ciò che vuoi. Trova un mentore o un allenatore. Sintetizza la conoscenza da coloro che hanno il percorso e il piano per il successo.

9. Viziati in modo casuale

Questo potrebbe contraddire l'hack sul risparmio. Ma questo è il punto; puoi risparmiare e viziarti nel modo giusto. Scegliete saggiamente il modo in cui viziarvi.

Premiatevi per il vostro duro lavoro, e vorrete persino raggiungere un successo maggiore. Concedetevi cose che scatenano un'emozione positiva, e se questo comporta la creazione di un ricordo duraturo, meraviglioso.

Se risparmiate e spendete meno in cose che non significano molto per voi, quando arriva il momento di viziarvi nelle cose che contano, avrete i soldi per farlo. Trattarsi bene può motivarvi, darvi dei segnali di ciò che potrebbe essere la norma, e spingervi di più ad attuare piani e prendere decisioni per migliorare la vostra vita.

10. Pensa quotidianamente in modo creativo

Di solito entriamo nella routine e viviamo lo stesso tipo di vita giorno dopo giorno. A volte potremmo avere la sensazione di avere il pilota automatico. Quando questo avviene, le nuove idee, i sogni, la creatività e le invenzioni non hanno l'opportunità di fiorire.

Metti da parte dai 10 ai 30 minuti ogni giorno e usa questo tempo per pensare in modo creativo. Non rispondere alle e-mail, non mandare messaggi o guardare i social media. Pensate e basta. Concentrati su quello che c'è dopo nella tua vita.

Se ti dai spazio per esercitare la creatività, riceverai i succhi che scorrono. Non pensare di non essere creativo, lo sei. Se sei come la maggior parte delle persone, non ti apprezzi per le tue innovazioni. Hai lanciato un nuovo business, una nuova relazione, un gioco che fai con i tuoi figli, un personaggio che fa ridere il tuo coniuge, e un modo più efficace di completare il tuo lavoro di giardinaggio. Non c'è niente nella vita che ci venga in mente se prima non ci riflettiamo. Guardatevi intorno. Quella sedia, quel monitor, quel tavolo: qualcuno ha pensato a queste cose prima di essere creativo, e poi quegli oggetti sono diventati realtà.

Se ti dimentichi di pensare in modo creativo ogni giorno, non stai nutrendo una parte della tua anima, e non vuoi che si alimenti. Nel tuo tempo creativo, ci sono molte cose che puoi fare; puoi anche decidere di identificare tutte quelle cose che innescano la tua mente e ti accendono per concentrarti sul livello successivo della vita. Ognuno ha la sua definizione di tempo creativo. Può essere la scrittura, il design digitale o la pittura. Qualunque cosa sia, mettete da parte del tempo per farlo ogni giorno.

11. Imparare a rilevare le emozioni nascoste

Mentre passate più tempo a lucidare le vostre abilità tecniche, non dimenticate di padroneggiare le vostre abilità umane. Uno dei modi più efficaci per capire le persone è imparare a identificare le microespressioni. Sono espressioni facciali inconsce che esprimono emozioni interiori.

Capitolo 10: modi in cui i milionari pensano e agiscono diversamente dalle persone della classe media

Nel processo di manifestazione, i vostri pensieri portano ai sentimenti, i sentimenti innescano le azioni e le azioni innescano i risultati. Tutto inizia con i tuoi pensieri, e la tua mente genera i tuoi pensieri. Ora la nostra mente è la base della nostra vita, e molti di noi non hanno idea di come funziona questo potente apparato?

In tutto ciò che accade, normalmente ti precipiti nei file della tua mente per determinare come rispondere. Diciamo che state considerando un'opportunità finanziaria. Saltate automaticamente al vostro file etichettato come denaro, e da lì, decidete cosa fare. Gli unici pensieri che potete nutrire riguardo al denaro saranno quelli conservati nel vostro file del denaro. Questo è tutto ciò che potete considerare perché è nella vostra mente sotto quell'argomento.

Prendete una decisione in base a ciò che pensate sia sensato, logico e appropriato per voi in quel momento. Fate ciò che credete sia la scelta corretta. La sfida, tuttavia, è che la vostra

scelta corretta potrebbe non avere successo. Ciò che ha senso
per voi può regolarmente generare risultati scadenti.

1. I ricchi credono "Io creo la mia vita". I borghesi credono "La vita mi succede".

Se vuoi costruire ricchezza, devi sapere che sei tu il pilota della
tua vita, specialmente della tua vita finanziaria. Se non avete
questa convinzione, allora dovete credere intrinsecamente di
avere poco o nessun controllo sulla vostra vita. Di conseguenza,
non hai alcun controllo sul tuo successo finanziario. Non è così
che pensano i ricchi.

Sapevate che la maggior parte delle persone povere sono quelle
che spendono una fortuna per giocare alla lotteria? Credono che
la loro ricchezza derivi da qualcuno che sceglie il loro nome da
un cappello. Passano tutto il fine settimana a fissare la TV,
guardando l'estrazione, per vedere se vinceranno e diventeranno
ricchi.

Anche se tutti vogliono vincere la lotteria, e anche i ragazzi ricchi
ci giocano per divertimento una volta ogni tanto. Ma prima, non

spendono metà del loro stipendio in biglietti, e vincere la lotteria non è la loro principale strategia per costruire la ricchezza.

Devi credere che sei tu a determinare il tuo successo, che sei tu a costruire la tua lotta intorno al denaro, che sei tu a stabilire la tua mediocrità e il tuo successo. Che sia conscio o inconscio, sei tu.

Invece di assumersi la responsabilità di ciò che accade nella loro vita, i poveri decidono di giocare il ruolo della vittima. Il pensiero principale di una vittima è normalmente "povero me".

Ebbene, come si può sapere che qualcuno sta giocando il ruolo di vittima? Vedrete tre indizi aperti.

Indizio 1: Colpa

Quando si tratta del perché non sono ricchi, la maggior parte delle vittime è esperta nel gioco della colpa. Lo scopo di questo gioco è quello di identificare il numero di persone e circostanze su cui si può puntare il dito senza guardare se stessi. È interessante per le vittime. Sfortunatamente, non è divertente per chi gli sta vicino. La ragione è che coloro che sono vicini alle vittime sono facili bersagli.

Le vittime tendono ad incolpare l'economia, incolpano il
mercato azionario, incolpano il governo, incolpano i loro
dipendenti, incolpano la sede centrale, incolpano il loro broker,
incolpano il loro coniuge, e tutti gli altri. È sempre qualcun altro
o qualcos'altro che deve ricevere la colpa. Il problema è
chiunque o qualsiasi cosa tranne loro.

Indizio 2: Giustificare

Se le vittime non stanno incolpando nessuno, allora le vedrete
giustificare o razionalizzare le loro circostanze menzionando
qualcosa come: "Il denaro non è davvero importante".

Pensateci, avreste una macchina se non fosse importante per voi?
Naturalmente no. Allo stesso modo, se non vedi come il denaro è
utile, non ne avrai.

Lasciate che vi dica una cosa: chi dice che il denaro non è
importante non ne ha. Le persone ricche capiscono lo scopo del
denaro e la posizione che ha nella nostra società. In alternativa, i
poveri convalidano la loro inettitudine finanziaria applicando
paragoni irrilevanti.

Il fatto è questo: il denaro è molto importante nelle aree in cui funziona, e non è importante nelle aree in cui non funziona.

Indizio 3: lamentarsi

Lamentarsi è la cosa peggiore che si possa fare per la propria ricchezza o salute. Ciò su cui ti concentri cresce. Ora, quando ti stai lamentando, su cosa ti stai concentrando, su cosa sta andando bene nella tua vita e su cosa non va?

Sapete che chi si lamenta normalmente ha una vita difficile? Sembra che tutto ciò che potrebbe andare male vada male con loro.

Pertanto, è importante assicurarsi di non stare vicino a chi si lamenta. Se è necessario, assicuratevi di avere qualcosa di potente per proteggervi. La soluzione perfetta è stare il più lontano possibile da chi si lamenta, perché l'energia negativa è contagiosa.

Giustificazione, colpa e lamentele sono come pillole. Non sono altro che alleviatori di stress. Riducono lo stress del fallimento.

Considera questo. Se una persona non stesse fallendo in qualche modo o forma, avrebbe bisogno di incolpare, lamentarsi o giustificarsi? La risposta è no.

D'ora in poi, mentre ti ascolti, biasimando, lamentandoti o giustificandoti, fermati immediatamente. Dì a te stesso che stai costruendo la tua vita e che in ogni fase, attirerai o successo o merda nella tua vita. Devi scegliere le tue parole e i tuoi pensieri con saggezza.

2. I ricchi hanno deciso di essere ricchi e i poveri vogliono essere ricchi

Chiedete a persone a caso se vogliono essere ricchi, e vi fisseranno come se foste pazzi. Il fatto è che la maggior parte delle persone non vuole essere ricca. E la ragione è che hanno un sacco di pensieri negativi sulla ricchezza nella loro mente subconscia che ricorda loro che c'è qualcosa che non va nell'essere ricchi.

Le persone povere hanno molte ragioni per cui diventare ed essere ricchi potrebbe essere un problema. Non sono sicuri al 100% di voler essere ricchi. Il loro messaggio all'universo è pieno di confusione. E questa confusione nasce perché il loro messaggio alla loro mente è confuso.

Ci sono tre livelli di "volere". La prima categoria è: "Voglio essere ricco". Volere da solo non è sufficiente. Infatti, volere non si traduce necessariamente in "avere". E volere senza avere porta a volere di più. La ricchezza non viene solo dal volerla. Miliardi di persone vogliono essere ricchi, ma solo pochi lo diventano.

La prossima categoria di volere è: "Scelgo di essere ricco". Questo implica decidere di diventare ricchi. Scegliere è molto specifico e va di pari passo con l'essere responsabile della costruzione della vostra ricchezza.

L'ultima categoria è "Mi propongo di essere ricco". In altre parole, dai il 100% di tutto quello che hai per diventare ricco. Sei pronto a fare tutto ciò che serve per diventare ricco.

Molte persone raramente si impegnano a diventare ricche. Questo è ciò che distingue i ricchi dai poveri. I poveri non si impegnano a diventare ricchi, e molto probabilmente non lo faranno mai.

Sei pronto a lavorare più di 15 ore al giorno? I ricchi lo sono. Sei pronto a sacrificare i tuoi fine settimana? I ricchi lo sono. Sei pronto a sacrificare i tuoi hobby e le tue relazioni? I ricchi lo sono. Siete pronti a rischiare tutta la vostra energia, il vostro tempo e il vostro capitale senza alcuna garanzia di ritorno? I ricchi lo sono.

Per un periodo, si spera, non lungo i ricchi sono pronti a impegnarsi e a fare tutto quanto sopra. E voi?

È importante menzionare che una volta che vi impegnate, l'universo vi ascolterà e sarà pronto a sostenervi.

In altre parole, l'universo vi aiuterà, vi guiderà e creerà persino dei miracoli per voi. Ma prima, dovete impegnarvi.

Capitolo 11: La sfida

Ora hai imparato le abitudini di successo delle persone più ricche del mondo. Quindi è il momento di raggiungere nuove vette. Puoi avere tutto quello che hai sognato: una grande impresa, un lavoro meraviglioso e buone relazioni. Non ha bisogno di essere un pensiero potente. Può essere la tua realtà, e tutto questo è a portata di mano. Allora, cosa ti impedisce di diventare milionario?

Se sei come la maggior parte delle persone, hai letto le seguenti parole, ti sei motivato su ciò che è possibile e hai scoperto dove potresti andare. Probabilmente hai avuto una visione chiara. I tuoi pensieri potrebbero aver compreso tutte le cose positive che potrebbero accadere. Se non permetti al cattivo dentro di te, ti distruggi e se converti la tua storia da limitata a senza limiti. Puoi vedere come questo cambiamento influenzerebbe la tua vita. Ottieni abitudini di successo, hack di successo e abitudini di felicità. Tutto ha un senso, e le storie di persone motivate come te che hanno cambiato la loro vita.

Allora perché alcune persone fanno fatica ad iniziare?

Una ragione è che il pensiero di fare cambiamenti nella tua vita può essere spaventoso. Pertanto, il vostro subconscio trova un posto sicuro e non vuole deviare. Tuttavia, sicuro non significa finanziariamente prospero o appagato. A livello cosciente, avete un sacco di cose da fare. Avete bollette da pagare, faccende da affrontare e lavori da fare. Per quanto vogliate iniziare ad attuare queste abitudini di successo, dovete passare all'azione. Dovete fare delle cose.

La prima cosa è la prima

Avete mai provato a parlare con voi stessi per cambiare usando la pura forza di volontà? Questo metodo può funzionare per qualche tempo, ma comunque non è sufficiente. Hai bisogno di concentrarti su una cosa alla volta, e su ciò che è possibile e sentire il cambiamento che stai immaginando. È qui che la vostra passione emergerà, ed è così che entrerete in azione.

Per iniziare su ciò che è fattibile, prima, devi visualizzare la tua vita nei prossimi 12 mesi e, se possibile, nei prossimi 12 anni da ora. Poi create uno sprint per rafforzare la vostra vita.

Scomponi i 12 mesi in 90 giorni e immagina la tua vita come sarà nei prossimi 90 giorni.

Puoi usare le seguenti domande per sfidare la tua mente.

- Con chi passi il tuo tempo?
- Cosa succederà in particolare nei 90 giorni?
- Qual è la sua condizione mentale?
- Con tutti i tuoi cambiamenti positivi, come ti senti emotivamente?

Pensa come se fossi lì, nel futuro. Poi usa la tua penna per scrivere le azioni specifiche che devi fare per rendere questo scenario immaginato una realtà.

Tenete a mente che questi passi d'azione sono pensati per i prossimi 90 giorni. Non sono destinati a raggiungere i vostri obiettivi generali. Sono per guidarvi nella giusta direzione.

Quindi concentratevi su ciò che dovete fare per realizzare quel grande lavoro o iniziare una nuova attività. Cosa ti farà muovere nella giusta direzione? Rispondete a questo, e avrete creato per voi stessi una mappa e un mezzo di trasporto per arrivare al posto giusto dove volete essere.

Hai un grande potenziale

Forse stai dicendo a te stesso che non ti conosco. Non sei speciale, come Bill Gates. La verità è che hai un potenziale enorme. La domanda è: realizzerai questo potenziale?

Credo che ci riuscirai, ma devi superare uno dei miti più grandi che la maggior parte delle persone ha: alcuni sono dotati e hanno dei vantaggi, rendendo la loro strada verso il successo più facile del tuo percorso. Sì, alcune persone intelligenti sono matematici intelligenti e possono eseguire in pochi minuti calcoli complessi che molti di noi farebbero fatica per ore.

Vi renderete conto che le parole "fortunato" e "dotato" sono spesso abusate. Se fate ricerche su coloro che fanno bene, che passano al livello successivo della vita e raggiungono il loro massimo potenziale, vedrete due cose molto critiche che i migliori realizzatori hanno in comune. Credono in loro stessi e nella loro visione, e si esercitano duramente. Hanno la grinta per raggiungere i risultati che desiderano invece di aspettare in disparte sperando di essere "dotati".

Le abitudini di successo condivise in questo libro non funzionano se non si è lavorato su di esse. La differenza tra coloro che le applicano e coloro che pensano solo a trarne vantaggio è che i primi mostrano grinta. Dimostrano la disponibilità a percorrere il miglio successivo per ottenere ciò che vogliono.

Quanto desideri raggiungere il prossimo livello di vita? Ti senti depresso sapendo che c'è molto che puoi realizzare, ma non l'hai ancora fatto?

La buona notizia è che si può ottenere tutto ciò che si vuole e si merita, purché lo si faccia.

Disapprovare la critica

Quelli che realizzano di più sono quelli che si spingono attraverso le sfide, anche quando nessun altro sta con loro. Fanno quello che serve per implementare rapidamente queste abitudini di successo, e se qualcosa non va come previsto, non si arrendono. Se esplorate le imprese che hanno sperimentato una crescita massiccia, ad un certo punto, erano sull'orlo della chiusura, e alla maggior parte dei fondatori della stessa impresa è stato detto che le loro idee non avrebbero mai funzionato.

Il fatto è che i critici sono individui che giudicano e le persone di successo hanno imparato a ignorarli. I critici sono pessimisti che rinunciano ai loro sogni. La loro amarezza li porta a dire agli altri perché non possono avere o essere qualcosa. Se vuoi sperimentare la vita in abbondanza, allora devi prima credere in te stesso, e non dipendere dagli altri per il supporto. Sembra duro, ma è il tuo percorso verso la libertà. Una volta che hai fatto breccia, puoi aspettarti che un nuovo gruppo di persone di supporto appaia nella tua vita.

Non odiateli, ma imparate ad andare contro di loro se insistono che non potete fare qualcosa. Possono essere colleghi di lavoro, familiari, amici e altri che ti dicono che non puoi avere successo per le loro ragioni, non in base a ciò che sei capace di fare. Potresti aver bisogno di affrontare alcuni dei tuoi colleghi e dire loro che apprezzi la loro opinione, ma non lasciare che ti dicano cosa non puoi fare. Mantenete la fiducia in voi stessi che potete realizzare tutto ciò che vi prefiggete.

Scopri il perché della tua vita e fissa i tuoi occhi sulla meta indipendentemente da chi si mette sulla tua strada, e non importa chi dice che è stupido. Questo è il punto; una volta che sai dove vuoi andare, devi sacrificarti e fare tutto quello che puoi per arrivarci, non importa cosa possano dire gli altri.

In effetti, potreste dover agire diversamente da quello che fa la maggior parte delle persone vicine a voi, e forse sembrerà strano. Ma se continuate a fare quello che fanno le persone intorno a voi, continuerete a ricevere quello che ricevono loro. E non stanno vivendo la vita che voi vorreste; allora dovrete fare il contrario. Dovrete distinguervi dai vostri pari.

A parte questo, ricordate anche che le abitudini che vi hanno aiutato a raggiungere qualcosa a un certo punto della vostra vita potrebbero non aiutarvi oggi. Le abitudini che ti hanno portato in Inghilterra non sono le abitudini che ti porteranno a Parigi.

Entrare nel business giusto

Il successo, in qualsiasi attività, dipende dal fatto che tu abbia le giuste facoltà necessarie in quell'attività.

Senza buoni strumenti musicali, non si può avere successo come insegnante di musica. Senza un'attrezzatura meccanica ben sviluppata, non si può ottenere un grande successo in nessun business meccanico. Ma possedere una struttura ben sviluppata in qualsiasi campo d'affari non garantisce il successo. Ci sono musicisti con un talento incredibile, eppure vivono poveri, alcuni falegnami hanno un'eccellente abilità meccanica, ma non diventano ricchi.

È importante avere gli strumenti giusti, ma gli strumenti devono essere usati nel modo giusto. Un uomo può avere una sega affilata, una squadra, una grande pialla e così via, e costruire bei mobili. Un altro uomo può avere gli stessi strumenti e iniziare a lavorare per copiare i mobili, ma il suo risultato sarà brutto. Non sa come usare i buoni strumenti nel modo giusto.

Le diverse sezioni della vostra mente sono gli strumenti con cui dovete condurre il lavoro che vi renderà ricchi. Sarà più facile per voi avere successo se vi buttate in un business per il quale siete ben preparati con strumenti mentali.

Nel complesso, farete del vostro meglio in quell'attività, che sfrutterà il vostro talento - quello per cui siete naturalmente portati.

Puoi diventare ricco in qualsiasi attività, perché se non hai il talento giusto, puoi sviluppare quel talento. In altre parole, dovrete creare i vostri strumenti man mano che andate avanti, piuttosto che limitarvi all'uso con cui siete nati. Sarà più facile per voi avere successo in una posizione lavorativa per la quale avete già dei talenti ben sviluppati.

È più facile arricchirsi facendo qualcosa di cui si ha esperienza precedente e che piace. Tuttavia, ci si arricchisce di più se si fa ciò che ci appassiona.

Fare ciò che si desidera fare è il punto della vita. Non c'è vera soddisfazione nella vita se si è costretti a stare sempre a fare qualcosa che non ci piace fare, e non si può mai fare quello che vogliamo fare. È possibile che si possa fare ciò che si vuole fare. Il desiderio di farlo è la prova che avete dentro di voi la capacità di farlo.

Il desiderio è un riflesso del potere.

Il desiderio di creare un dispositivo meccanico è il talento meccanico che cerca espressione e sviluppo.

Dove manca il potere di fare una cosa, non c'è mai nessun desiderio o desiderio di fare quella cosa, e dove c'è una forte forza di fare una cosa, è evidente che il potere di farla è forte, e richiede solo di essere creato e usato correttamente.

In generale, è meglio scegliere un'attività per la quale si ha il talento più sviluppato, ma se si ha un forte desiderio di fare un lavoro particolare, si dovrebbe scegliere quel lavoro come quello finale a cui si mira.

Tuttavia, puoi fare quello che vuoi, ed è la tua libertà di seguire il business che sarà più attraente.

Non sei obbligato a fare ciò che è spiacevole fare, e non dovresti farlo se non come un modo per portarti a fare la cosa che vuoi fare.

Se ci sono errori del passato i cui risultati vi hanno spinto ad entrare in un affare indesiderabile, potreste essere obbligati per qualche tempo a fare ciò che non vi piace fare. Tuttavia, puoi rendere attraente il farlo capendo che ti sta rendendo possibile arrivare a fare ciò che vuoi ottenere.

Se senti di non essere nel business giusto, non essere troppo veloce a rinunciare. Il modo perfetto per cambiare business o ambiente è la crescita.

Non abbiate paura di fare un cambiamento radicale o improvviso se l'opportunità vi si presenta, e sentite dopo un'attenta analisi che è quella giusta. Tuttavia, non fare mai cambiamenti improvvisi quando sei in dubbio.

Non c'è fretta sul piano creativo e non mancano le opportunità.

Quando esci dalla mente competitiva, ti renderai conto che non hai bisogno di agire rapidamente. Nessuno ti batterà nella cosa che vuoi fare, e ce n'è abbastanza per tutti. Se uno spazio è occupato, ne spunterà un altro migliore per voi un po' più in là. C'è molto tempo. Quando sei pieno di incertezze, aspetta. Torna al tavolo da disegno e ripensa alla tua visione, e rafforza la tua fede e il tuo scopo.

Un giorno o due passati a ripensare alla visione di ciò che vuoi, e nel ringraziare che lo stai ricevendo, attirerà la tua mente in una relazione così stretta con Dio che non farai errori quando prenderai una decisione.

Conclusione

Quelli che diventano ricchi sono quelli che superano le sfide, anche quando nessuno si fida di loro. Fanno quello che serve per implementare queste abitudini di successo sul posto, e se qualcosa non va come previsto, non si arrendono.

So che vuoi di più e sei pronto a concentrarti per ottenerlo. La prova che è proprio di fronte a te, e se puoi leggere un libro fino alla fine, dice molto su di te e sul tuo futuro.

Quindi, in questo momento, ecco una sfida per te per provare qualcosa che inizierà quel cambiamento in movimento e non ti permetterà di ricadere nelle tue vecchie abitudini. E questo è uno sprint di 90 giorni. Rompe questo grande e pesante lavoro di cambiamento e lo riduce a un obiettivo fattibile.

Descrizione

Se vuoi essere un milionario, allora continua a leggere. Se stai lottando per accumulare ricchezza, allora continua a leggere. Vuoi imparare i segreti per diventare milionario? Ti senti bloccato in una routine e sei pronto a imparare nuove abitudini?

Mentre tutti noi abbiamo sognato in grande, come guidare grandi macchine e sperperare denaro per i lussi che abbiamo sempre desiderato, è probabile che tu abbia considerato questo come un sogno ad occhi aperti, pur passando ad acquistare un gratta e vinci ogni volta che vai a comprare il latte.

Tuttavia, diventare milionario non è difficile e irraggiungibile come si può pensare. Molte persone dimostrano ogni anno che non è necessario lavorare in una banca o vincere una lotteria per costruire la propria ricchezza a sette cifre.

E per molti ricchi ascoltatori, diventare milionari è più una questione di stile di vita e di non dover avere paura delle proprie finanze, che di quanto si è tenuto in banca.

Per vivere come un milionario, non è necessario avere un milione di sterline da parte in banca. Infatti, il 99% dei milionari non ce l'ha. Per diventare un milionario, avrai sicuramente bisogno di essere in cima alle tue finanze e ai tuoi investimenti.

Diventare milionario può significare ogni sorta di cose, ma in questo libro, stiamo tipicamente tracciando un percorso realistico per far crescere la tua ricchezza oltre 1.000.000 di sterline.

Questo libro percorre rapidamente tutta la tua vita, passando in rassegna i passi che puoi fare per diventare milionario.

Per andare dritto al punto, le persone di successo hanno abitudini di successo, e le persone senza successo no.

In questo libro, scoprirete le abitudini da milioni di dollari di uomini e donne che hanno iniziato da stracci a ricchezze in una sola generazione. Scoprirete come pensare più efficacemente, prendere decisioni migliori e intraprendere azioni più efficaci di altri individui. Scoprirete come pianificare la vostra vita finanziaria in modo tale da raggiungere i vostri obiettivi finanziari più velocemente di quanto immaginiate.

Uno degli obiettivi più critici che devi realizzare per diventare felice e avere successo è lo sviluppo del tuo carattere. Vuoi diventare una grande persona in ogni area della tua vita. Vuoi diventare quella persona che gli altri guardano e ammirano.

In ogni caso, i fattori cruciali nella realizzazione di ciascuno di questi obiettivi che tutti condividiamo nello sviluppo di abitudini specifiche che si traducono in ciò che si vuole realizzare.

Ricordate, se continuate a fare quello che avete sempre fatto, non vi staccherete mai dalla schiavitù del vostro lavoro. Continuerai a vivere la tua vita con il pilota automatico.

Millionaire habits ti insegna ogni strategia per sviluppare abitudini milionarie per liberarti dal tuo lavoro e iniziare a guadagnare oggi.

Scoprire quali abitudini devi applicare e come iniziare?

In che modo il processo di successo cambierà tutta la tua vita?

All'interno di questo libro, imparerete:

- Come cambiare le tue abitudini ed evitare la procrastinazione?
- Le strategie milionarie
- I segreti del successo
- Scopri il tuo perché emotivo

Ora è il momento di iniziare a fare sul serio.

Smettete di incolpare gli altri per il vostro fallimento e prendete provvedimenti deliberati.

www.ingramcontent.com/pod-product-compliance
Lightning Source LLC
Chambersburg PA
CBHW050005070726
47592CB00018B/827